The Message of Romans

신우인 목사의
로마서 이야기

신우인 목사의

로마서 이야기

신우인 지음

1판 1쇄 발행 2014. 5. 30. | **1판 2쇄 발행** 2019. 4. 11. | **발행처** 포이에마 | **발행인** 고세규 | **등록번호** 제300-2006-190호 | **등록일자** 2006. 10. 16. | 서울특별시 종로구 북촌로 63-3 우편번호 03052 | 마케팅부 02)3668-3260, 편집부 02)730-8648, 팩스 02)745-4827

값은 뒤표지에 있습니다. ISBN 978-89-97760-82-4 03230 | 독자의견 전화 02)730-8648 | 이메일 masterpiece@poiema.co.kr | 좋은 독자가 좋은 책을 만듭니다. | 포이에마는 독자 여러분의 의견에 항상 귀를 기울이고 있습니다.

이 도서의 국립중앙도서관 출판시도서목록(CIP)은 서지정보유통지원시스템 홈페이지(http://seoji.nl.go.kr)와 국가자료공동목록시스템(http://www.nl.go.kr/kolisnet)에서 이용하실 수 있습니다.(CIP 제어번호: CIP2014015797)

차가운 교리의 사슬을 끊고
따스한 그분의 사랑을 찾아가는 길!

신우인 목사의

로마서 이야기

신우인

포이에마
POIEMA

차례

들어가는 말

피조물들이 탄식하며 기다리는 것은

우리 교회의 한 청년이 모 기업에 취업 지원을 했는데, 수백 명의 지원자들 중 유일하게 최종 면접에 올랐습니다. 각지에서 지원한 우수한 청년지원자들과 당당히 경쟁해 올라간 거라 여간 대견하지 않았습니다. 그런데 전혀 예기치 못한 난관을 만났습니다. 회장이 직접 행한 마지막 면접에서 기독교가 가장 큰 걸림돌이 된 것입니다. 기업의 회장이 지닌 기독교인들에 대한 반감은 '기피를 넘어 혐오에까지' 이른 단계였습니다. 기독교에 대한 질의와 응답만 한 시간 반이나 소요되었습니다. 그러나 청년의 분명하고 올바른 신앙관과 진솔한 태도에 마침내 최종 합격판정을 받을 수 있었습니다. 만약 그 청년이 오늘날 많은 교회에서 가르치는 신앙관에 젖어 있었다면 오히려 면접에서 떨어졌을 것입니다.

요즘처럼 우리나라에서 기독교와 교회가 그 설득력과 감화력을 잃은 적이 없다고 해도 틀린 말이 아닙니다. 자신이 교회에 다닌다는 말을 하는 순간부터 사람들이 이상하게 본다는 말을 흔히 듣습니다.

한국 기독교가 왜 이 지경까지 되었을까요? 그 해답을 스캇 펙 박사가 알려줍니다. 그는 그의 저서 《끝나지 않은 여행》에서 영적 발달을 4단계로 설명하고 있습니다. 내 자신의 영적 발달 단계는 어디인가를 확인해보시기 바랍니다.

첫 번째 단계는 '혼돈·반사회 단계' 입니다. 이 단계의 사람들은 원칙 없이 살아갑니다. 원칙이라면 오직 자신의 이익이며, 스스로를 통제할 장치는 단지 자신의 의지일 뿐입니다. 이들 중에는 의지력과 자제력이 남달라서 크게 출세하는 사람들도 있습니다. 저는 이런 사람들을 '본능의 사람'이라고 부릅니다.

두 번째 단계는 '형식적·제도적 단계' 입니다. 이 단계에서는 제도에 의존해서 자신을 통제합니다. 교회도 매우 중요한 자기 통제의 수단이 됩니다. 그래서 교리나 신앙체계나 종교적인 형식에 매우 집착합니다. 이 단계 사람들에게 하나님은 무시무시한 통제관으로 내 일거수일투족을 감시하는 존재입니다. 내가 잘해서 하나님의 복을 받고 남들은 잘못해서 벌을 받는다고 믿습니다. 이들의 전형적인 구호는 "예수 천당, 불신 지옥"입니다. 저는 이런 사람들을 '율법의 사람'이라고 부릅니다.

세 번째 단계는 '회의적·개인적 단계' 입니다. 이 단계의 사람들은 교리나 신앙 체계, 교회 제도 등에 깊은 회의를 갖습니다. 겉모습은 종교적인 것과는 멀어 보이지만, 두 번째 단계 사람들보다는 훨씬 영적으로 앞서 있습니다. 하나님이나 종교에 대하여는 강한 의문과 반감을 갖고 있지만, 책임감을 갖고 사회 여러 분야에서 많은 일을 하며 헌신적으로 봉사합니다. 자신의 삶에 대하여 책임지며 성실하게 살아갑니다. 저는 이런 사람들을 '자율의 사람'이라고 부릅니다.

마지막 단계는 '신비적·공동체적 단계' 입니다. 이 단계의 사람들은 하나님과 깊은 관계를 맺으며, 하나님은 자신 안에 내재하는 분이 됩니다. 하나님을 누구보다도 사랑하여, 예수님의 생각을 닮으려고 하고 예수님처럼 살고 싶어 합니다. 이 사람들은 신비로움에 강한 관심을 갖고, 하나님의 신비를 알고 싶어 합니다. 그래서 더 많은 신비와 조우하게 되고, 하나님의 깊은 것까지 통달하게 됩니다. 죽음에 대한 공포에서 자유로워지고, 물질에 대한 집착 또한 점점 사라져버립니다. 그러면서도 생명의 일, 살리는 일에 관심을 둡니다. 저는 이들을 '진리와 자유의 사람'이라고 부릅니다.

오늘날의 기독교가 사회로부터 외면 배척당하는 이유는 두 번째 단계인 '율법의 사람'들을 양산하였기 때문입니다. '율법의 사람'들은 결코 '자율의 사람'들을 설득할 수 없습니다. 그래서 전도를 할라치면, 그들로부터 "너나 잘하세요"라는 소리를 듣게 됩니다. 오직 '진리와 자유의 사람', 네 번째 단계의 사람만이 세상과 사람들을 설득할 수 있습니다.

로마서는 예수님의 복음을 신학적으로 변증적으로 가장 잘 설명한 책입니다. 당시 세계는 헬라철학의 기반 위에 서 있었고, 헬라철학에 정통한 사도 바울은 복음의 진수를 이방 세계에 로마서를 통해 설득력 있게 설명했습니다. 설명 과정에서 사도 바울은 로마서에 교리화할 수 있는 많은 내용들을 담아놓았고, 후대 사람들은 기독교를 논증하고 체계화하는 과정에서 그 내용들을 교리로 전환하였습니다. 대표적인 것들이 이신칭의, 예정론, 구원론 등입니다. 이는 당연히 그래야 했던 정당한 작업이었고, 올바른 믿음을 정립하는 데 큰 기여를 하였습니다.

그런데 문제가 생겼습니다. 심각한 문제입니다. 학문과 과학의 비약적인 발전과 다양한 문화와 종교와 이념과 이론들이 나름대로 가치를 인정받으면서 기독교는 방어 자세를 취하게 되고 때로는 수세에 몰리게 되었습니다. 그러자 세상과 안전거리를 확보하려는 교회들이 기독교 교리들을 점점 더 절대적인 것으로 만들었습니다.

그 결과는 전혀 바람직하지 않았습니다. 단언적으로 말하면, 예수님 당시 유대교가 율법에 갇혔다면 오늘날의 기독교는 교리에 갇혀버렸습니다. 무한하신 하나님과 주님의 몸 된 교회를 교리로 제한해버렸습니다. 아무리 다양하고 정교한 교리들을 개발한다고 해서 삼위일체 하나님과 복음의 실체를 결코 설명할 수 없습니다. 교리가 절대화되면 될수록 기독교의 생명력은 비례하여 허약해집니다.

유대교 신학자 아브라함 헤셀이 말합니다. "종교는 그것이 멍에로, 교리로, 두려움으로 군림할 경우 인간의 정신을 기르기는커녕 오히려 능욕하게 된다. 종교는 마땅히 그 위에서 영혼의 불이 거룩하게 타오르는 제단이어야 한다." 마음에 새기고 깊게 음미해야 할 말입니다.

로마서는 '교리의 책'이 아닙니다. 로마서는 하나님의 '능력의 책'입니다. 이미 수많은 사람들이 로마서를 통하여 변화되었고, 로마서에 기록된 복음의 진수들을 통해 왜곡된 기독교를 바로잡아 왔습니다. 로마서에 기록된 그 변화의 능력을 회복시켜야 합니다.

능력을 회복하기 위해서는 우선 경직된 교리의 언어들을 알아들을 수 있는 이야기로 풀어내야 합니다.

여호와 하나님께서는 스스로를 '아브라함, 이삭, 야곱의 하나님'이라 칭하셨습니다. 이 명칭은 '사랑과 공의의 하나님'과는 그 차원이 다릅니다. 아브라함, 야곱, 이삭은 전혀 다른 개성을 지닌 살아있는 인격체들입니다. 교리, 관념, 원리와 같은 추상적인 개념이 아닙니다. '복 받는 비결'을 가르치기 위한 예화도 아닙니다. 머리로 이해하고 이성으로 분석 정리해야 할 이론이 아닙니다. 내 하나님 아버지는 내 온몸으로 체험해야 할 구체적인 삶으로서, 마침내 '신 아무개의 하나님', '김 아무개의 하나님' 곧 '나의 하나님'이 되시게 해야 합니다. 이것이 사도 바울이 로마서를 쓴 이유입니다.

요즘처럼 참 지도자를 간절히 기다리는 때도 없을 것입니다. 각 분야에 사람들은 차고 넘쳐도 믿고 따를 지도자, 참 진리를 가르칠 스승들을 찾기가 너무나 어렵습니다.

무신론 실존주의 작가 까뮈가 말합니다. "너희 그리스도인이 해야 할 일은 다만 그리스도인답게 살아주는 것이다." 너는 너대로 나는 나대로 살자는 뜻이 아닙니다. 어디로 가야 할지 모르는 자신을 인도할, 하나님의 참 자녀다운 여호와의 리더가 되어달라는 애달픈 간청입니다.

"피조물의 고대하는 바는 하나님의 자녀들이 나타나는 것이니, 그 바라는 것은 피조물도 썩어짐의 종노릇 하는데서 해방되어 하나님의 자녀들의 영광의 자유에 이르는 것이니라"(롬 8:19-21).

우리 그리스도인들이 경직된 교리의 사슬들에서 벗어나 하나님의 찬란한 영광의 자유를 구가하며 탄식하는 세상을 이끄는 생명의 리더들이 되시기를 간절히 기원합니다.

로마서는 변화의 능력이 있는 책입니다.

황제가 통치하는 로마에 살고 있는

그리스도인들에게 보낸 예수님의 칙서입니다.

01

예수 그리스도의 종 바울은

롬 1:1-7

변화의 능력이 있는 책, 로마서

로마서는, 사도 바울이 로마에 있는 성도들에게 보낸 편지입니다. 그런데 로마서는 단순한 편지가 아닙니다. 로마서는 변화의 능력이 있는 책입니다. 로마서를 통해 수많은 사람들이 변화되었습니다. 그중에는 아우구스티누스와 마르틴 루터와 존 웨슬리와 칼 바르트도 있습니다. 이들은 기독교와 교회가 방향을 잃고 타락해갈 때, 그 방향을 하나님께로 돌렸던 위대한 사람들입니다.

위대한 신앙의 선배들과는 비교조차 할 수 없지만 저 역시도 노

스케롤라이나의 한 침례교 신학교 강의실에서 로마서 강해를 들으며, 혼동과 어둠이 물러나는 것을 경험했습니다.

"Paul, the servant of Jesus Christ…." 당시 수업을 진행했던 미국인 교수는 '종'이란 무엇이며, 예수 그리스도는 누구인가를 별 특별한 내용이랄 것도 없이 설명해나갔습니다. 놀랍게도 교수의 설명은, 잡다한 공부와 도탄에 빠진 삶으로 뒤죽박죽된 제 머리에 시원한 물방울처럼 떨어지기 시작해 제 온몸에 전율이 일었습니다. 전혀 예측하지 못했던 일입니다. 그때 저는 평생 동안 해야 할 일이 무엇인지를 깨달았습니다. 남침례교도들의 별명은 'Bible Lover' 입니다. 신학적으로는 전혀 내세울 것 없는 그들은 험난한 세월을 성경 한 권 붙잡고 자신들의 신앙을 지켜냈습니다. "목사로 살면서 만나는 사람들을, 성경을 사랑하는 사람들로 만들다 가자." 그 이후로, 성경말씀을 통해 하나님께서 우리에게 무엇을 말씀하시기 원하는지를 고민해왔습니다.

로마서는, 그 누구든 그 말씀에 사로잡히기만 하면, 그 사람을 변화시켜 하나님의 사람으로 만듭니다. 거기에는 그만한 이유가 있습니다. 로마서를 쓴 사도 바울 자신이 그랬기 때문입니다. 바울의 원래 이름은 사울이었습니다. 그는 타의 추종을 불허하는 철저한 유대교 신봉자로서, 하나님의 율법을 철저히 지킴으로 구원을 얻고 하나님의 복을 받는다고 굳게 믿었습니다. 스스로 "히브리인 중의 히브리인"(빌 3:5)이라 부르며, 그 일에 선봉에 섰습니다.

그런데 예수란 사람이 갑자기 등장해 유대교의 율법을 무너뜨렸고, 그를 따르는 무리도 같이 행동하지 않겠습니까? 이를 도저히 용납할 수 없었던 사울은 예수쟁이들을 잡으러 예루살렘을 샅샅이 뒤졌습니다. 그것으로도 성이 차지 않았습니다.

그날도 그랬습니다. 박해를 피해 다메섹까지 도망친 그리스도인들을 체포하러 가는 중이었습니다. 갑자기 하늘에서 엄청나게 강한 빛이 임하였습니다. 눈을 뜰 수도, 서 있을 수도 없었습니다. 땅에 고꾸라지고 말았습니다. 그때 한 음성이 들렸습니다. "사울아 사울아, 네가 어찌하여 나를 박해하느냐?"

바울은 그 소리에 놀라 떨며 되물었습니다. "주여, 누구시니이까?" 그러자 하늘에서 대답이 들려왔습니다. "나는 네가 박해하는 예수라." 이 음성은 사울의 삶을 송두리째 바꾸어버렸습니다. 이 만남으로 사울은 완전히 다른 존재인 사도 바울이 되었습니다.

교회사에서 유명한 아우구스티누스는 젊은 나이에 이미 명성을 얻었으나 거리의 여자와 사생아까지 낳고, 번민과 방탕으로 인하여 하나님과 어머니 모니카의 속을 무던히 태웠습니다. 그런데 어느 날, 비참한 심정으로 정원을 거닐 때 꿈결처럼 들려오는 노랫소리가 있었습니다. "톨레 레게, 톨레 레게." 그 말은 '집어 들고 읽으라' 는 뜻입니다. 아우구스티누스는 홀린 듯 성경책을 펴서 읽었습니다. 그가 읽은 구절은 로마서 13장 13-14절 말씀, "낮에와 같이 단정히 행하고 방탕하거나 술 취하지 말며 음란하거나 호색하지 말며 다투거나 시기하지 말고, 오직 주 예수 그리스도로 옷 입고 정욕을 위하여 육신의 일을 도모하지 말라"입니다. 이 말씀 앞에서 고꾸라진 그는 회심하여 기독교 역사상 가장 탁월한 신학자로 복음을 바로 잡고 교회의 갈 길을 제시하였습니다.

타락한 가톨릭교회에서 고민하던 비텐베르크 시골 작은 성당의 마르틴 루터 신부는 "오직 의인은 믿음으로 말미암아 살리라"(롬 1:17)는 말씀에 정신이 번쩍 들었습니다. 그 말씀 붙잡고 온 세상을 지배하던 가톨릭교회에 반기를 들어 종교개혁의 횃불을 밝힙니다.

감리교 창시자 존 웨슬리는 루터의 《로마서》 서론을 읽다가 마음이 뜨거워져 회심을 체험합니다. 칼 바르트는 33세에 《로마서 강해》를 써서 잠자는 유럽을 깨웠고 1, 2차 세계대전으로 하나님과 인간에 대한 신뢰를 한번에 잃고 방황하던 기독교를 다시 예수 그리스도께로 돌린 20세기 가장 위대한 신학자가 되었습니다.

소유된 존재

로마서는 "예수 그리스도의 종 바울은"이라는 말로 시작합니다. 사도 바울은 스스로를 '종'이라고 부르고 있습니다. 종은 헬라어로 '둘로스'이고, '노예'라는 뜻입니다.

존 맥아더John MacArther는 그의 책 《슬레이브》에서 '둘로스'에 대한 번역상의 문제를 제기하였습니다. 둘로스를 '서번트servant'로 번역한 것은 잘못이라는 것입니다. '슬레이브slave'가 옳다는 것입니다. 신약성경에 둘로스란 단어가 124회 나오지만, 대부분 서번트로 번역되었습니다. 서번트와 슬레이브, 즉 종과 노예란 말은 우리에게 비슷하게 느껴지지만, 서구 사람들에게는 확연히 구분되는 개념입니다.

해방 이후 좀 산다는 집에는 '식모'라는 존재가 있었습니다. 함께 살면서 집안일을 도맡아하는 여자입니다. 하는 일은 조선시대 노비와 같습니다. 몸으로 고생하는 사람들이지요. 하지만 식모는 언제든지 그만둘 수 있습니다. 식모가 서번트라면 노비는 슬레이브입니다. 서번트는 누구를 위해 일할 것인지, 무슨 일을 할 것인지 선택할 자유가 있지만, 슬레이브는 그 어떤 자유도 자치권도 권리도 없습니다. 서번트는 사람으로서 고용된 존재라면, 슬레이브는 물건으로서 소유된 존재입니다.

노예는 자신의 목숨을 주인에게 맡겨버리고, 주인의 명령이면 그 어떤 일도 마다하지 않습니다. 힘들다고 마음에 들지 않는다고 그만둘 수도 없습니다. 자신을 예수의 종으로 소개한 바울은 노예처럼 자신의 목숨을 예수 그리스도께 맡기고, 어떤 경우에도 예수님의 명령을 무조건 따르기로 결단한 것입니다.

그렇다면 예수님은 사도 바울이나 우리를 예수님의 노예로 만들려고 하시는 것일까요? 절대로 아닙니다.

아버지의 재산을 가지고 집을 나간 둘째 아들은 결국 재산을 다 탕진하고 자신의 힘으로는 도저히 어쩌지 못하는 도탄에 빠졌습니다. 허기와 비통함에 정신을 차린 아들이 스스로 말합니다. "내 아버지에게는 양식이 풍족한 품꾼이 얼마나 많은가. 나는 여기서 주려 죽는구나. 내가 일어나 아버지께 가서 이르기를 아버지 내가 하늘과 아버지께 죄를 지었사오니 지금부터는 아버지의 아들이라 일컬음을 감당하지 못하겠나이다. 나를 품꾼의 하나로 보소서 하리라"(눅 15:17-19).

여기서 품꾼이라고 번역된 것이 바로 '둘로스' 즉 노예입니다. 그런데 아버지는 노예이기를 자청한 둘째 아들을 아들로 맞아주셨습니다. 그 사랑에 감격한 아들은 이제부터 노예의 심정으로 살아갑니다. 그렇습니다. 그리스도인의 최고의 자세는, 자녀이면서도 모든 것을 하나님 아버지께 맡기고 노예의 자세로 아버지께 순종하며 사는 것입니다.

사도 바울이 말합니다. "너희도 그들 중에서 예수 그리스도의 것으로 부르심을 받은 자니라"(롬 1:6).

"예수 그리스도의 것!" 노예는 주인의 소유이듯이, 사도 바울은 모든 것을 배설물로 여기고 둘째 아들의 심정으로 예수님의 소유됨을 자청하였고, 로마의 그리스도인들도, 또한 우리도 예수님의 소유입니다.

노예는 그 어떤 대가도 바라지 않습니다. 열심히 예수님의 뜻을 행하고, 장차 예수님과 함께 왕 노릇할 것을 절대로 바라지 않습니다. 주면 먹고, 안 주면 굶고, 죽이면 죽겠다는 것이 노예의 태도입니다. 이것이 바로 자신을 예수 그리스도의 둘로스(노예)로 소개한 바울의 심정이고, 진정한 그리스도인의 태도입니다.

그런데 노예의 심정으로 예수님을 따르는 바울을, 예수님께서는 이방인을 위한 '사도'로 세우셨습니다. "사도로 부르심을 받아 하나님의 복음을 위하여 택정함을 입었으니"(롬 1:1). '사도'란 '보내심을 받은 자'를 의미합니다. 본래 이 단어는 황제나 왕으로부터 특수한 임무를 띠고 파견된 사람을 말합니다. 오늘날의 '대사'입니다. 대사는 왕의 전권을 가지고 왕 대신 일하는 사람입니다. 스스로 예수님의 노예가 된 사도 바울을 예수님은 전권대사로 임명하셨다는 뜻입니다.

그래서 로마서는, 황제가 통치하는 로마에서 살고 있는 그리스도인들에게 보낸 예수님의 칙서입니다. 이것은 단순한 이야기가 아닙니다.

로마 황제는 단순한 통치자가 아닙니다. 살아 있는 신神입니다. 황제를 신으로 숭배하였고, 골수 로마 시민들은 스스로 '가이사의 사람들'이라고 불렀습니다. '가이사의 소유'라는 뜻으로, 그렇게 불리는 것을 최고의 영광으로 생각했습니다. 무소불위의 힘으로 최고의 번영을 이룩한 로마제국, 영광의 도시 로마에 사는 그리스도인들에게 편지를 보냅니다. 그러므로 그 내용이 유대인들과 가톨릭과 오늘날 많은 개신교도들이 오해하고 있는 그런 류의 하나님 나라를 세우겠다는 것일 리가 없습니다.

진정한 메시아, 구원자로서 예수님은 '가이사의 소유'에서 '그리스도의 소유'로의 완전한 전환을 사도 바울의 로마서를 통해 제시하십니다. 로마서는 전혀 새로운 하나님의 세계와 통치방식과 그 세계로 부름을 받은, 전혀 새로운 존재들에 대한 변증서입니다. 여전히 하나님의 힘을 빌려 '현세의 번영'을 원하는 것은 예수님을 가이사로, 자신을 이중 첩자로 전락시키는 사악하고 어리석은 짓입니다.

나 같은 죄인 살리신

19세기를 살았던 존 뉴턴은 11세부터 바다에서 일했습니다. 영국 배의 선장이었던 아버지 덕분에 그는 어려서부터 왕실 해군이 되는 훈련을 받았지만, 자유분방한 그는 권위에 반항했고 범죄도 멋대로 저질렀습니다. 20대 초반에 아프리카로 갔다가 노예무역에 가담하게 되었고, 그러다 노예무역선 그레이하운드 호의 선장이 되었습니다.

존은 도덕을 비웃고 기독교를 조롱하였습니다. 그러던 어느 날 대서양 한복판에서 엄청난 폭풍을 만났습니다. 존이 깨어보니 선장실에는 이미 물이 가득하였습니다. 배의 한쪽 옆구리가 파손되어 침몰은 시간 문제였습니다. 선원들을 독려하여 물을 퍼냈습니다. 아홉 시간 사투를 벌였지만 소용이 없었습니다. 갑판에 지친 몸을 던지며 이렇게 외쳤습니다. "더 이상 우리 힘으로는 어쩔 수 없습니다. 주여, 우리 모두에게 자비를 베푸소서."

자비를 구할 염치도, 가치도 없이 제멋대로 인생을 살았던 존 뉴턴이었지만, 하나님께서는 그와 그레이하운드 호에 자비를 베풀어 주셨습니다. 그날 밤 그 사건은 존 뉴턴을 완전히 바꿔놓았습니다. 영국으로 돌아와 모든 방탕과 무절제를 청산하고, 노예무역에서도 완전히 손을 떼었습니다. 그런 뒤 설교자가 되어 50년 동안 열성적으로 복음을 전했습니다. 또한 많은 찬송시를 지었는데 그중에 가장 유명한 찬송은 찬송가 305장입니다. "나 같은 죄인 살리신 주 은혜 놀라워. 잃었던 생명 찾았고 광명을 얻었네."

노예무역을 하던 그가 예수 그리스도의 가장 충실한 노예가 된 것입니다. 그는 생애 말년에 이렇게 고백했습니다. "내 기억력은 거의 사라졌어. 하지만 두 가지만은 기억하고 있지. 나는 큰 죄인이며 예수님은 크신 구원자라는 사실이야."

이 사실 외에 우리가 더 기억해야 할 것이 뭐가 있을까요?

사도 바울이나 존 뉴턴이나 자신이 장차 왕 노릇을 하기 위해서 그렇게 행동한 것이 아닙니다. 사랑의 최대 보상은, 사랑하는 사람과의 동행입니다. 지고하신 예수님께서 우리를 자기 자신보다 사랑하여 구원하셨고, 자신을 사랑의 대상으로 우리에게 내어주심에 감격할 뿐입니다.

우리는 그저 예수님의 종으로 최선을 다해 살아갈 뿐, 우리가 해야 할 말은 오직 "우리는 무익한 종(노예)이라. 우리가 하여야 할 일을 한 것뿐이라"(눅 17:10)입니다. 이에 대해 예수님께서 말씀하십니다. "착하고 충성된 종(노예)아, 네가 적은 일에 충성하였으매 내가 많은 것을 네게 맡기리니 네 주인의 즐거움에 참여할지어다"(마 25:23).

"꼬물대는 애벌레에는 아름다운 나비의 어떤 흔적도 없다." 이 말은 20세기 레오나르도 다빈치로 불리는 버크민스터 풀러가 한 말입니다. 비록 현재의 내게서 아름다운 그 어떤 것도 찾아보기 힘들지만 우리는 원래 하나님의 형상으로 창조된 하나님의 자녀들입니다. 수많은 사람들을 변화시켜 하나님의 위대한 사람들을 탄생시킨 로마서를 통해, 모든 그리스도인이 하나님 자녀로서의 존엄성과 자유를 회복하기를 소원합니다.

그 길은 바로 예수님의 충실한 노예가 되는 것입니다. 현재 내가 맡은 일을 주께 하듯 할 때, 주님께서는 더 많은 일을 내게 맡기시고 우리는 마침내 주님의 영광에 동참하게 될 것입니다.

02

나는 복음의 빚진 자입니다

롬 1:11-17

빚진 자

인도의 한 수행자의 제자가 스승에게 아미르라는 친구에 대한 불만을 털어놓았습니다.

"아미르는 스무 해 넘도록 사귄 오랜 친구입니다. 그는 가난하고 무능합니다. 나는 있는 힘껏 그를 도와줬습니다. 내게 돈을 빌려간 적도 여러 번인데 합하면 10만 루피가 넘습니다. 그래도 독촉한 적은 한 번도 없습니다. 그런데 이번에 급한 일이 생겨 돈을 갚으라고 했더니 돈이 없다는 것입니다. 아미르는 내게 아무런 도움도 안 됩니다."

수행자가 제자에게 물었습니다. "자네는 누구에게나 하고 싶은 말을 하는가?"

"그렇진 않습니다."

"자네는 어디서나 마음대로 불평을 늘어놓는가?"

"그렇진 않습니다."

"자네는 아무에게나 눈치 보지 않고 고민을 털어놓는가?"

"그렇진 않습니다."

"자네는 단 한 번도 외로워한 적이 없는가?"

"그렇진 않습니다."

"자네가 불행하다고 느낄 때, 불평불만을 늘어놓고 싶을 때, 눈치 보지 않고 고민을 털어놓고 싶을 때, 외로울 때, 자네는 누구를 찾아가는가?"

"아미르를 찾아갑니다."

수행자가 제자에게 말했습니다. "이제 자네가 아미르에게 돈으로는 갚을 수 없는 빚을 지고 있다는 것을 알겠는가?"

여러분은 채권자입니까, 아니면 채무자입니까? 존재하는 모든 것은 누군가에 의해서 주어진 것입니다. 더 근원적으로 말하자면 존재 자체가 창조주 하나님에 의해서 이루어진 것입니다. 이 지구가 우주 공간에 떠 있습니다. 나는 그 지구에서 숨을 쉬며 발을 딛고 삽니다. 이렇게 되는 데 내가 기여한 것은 눈곱만큼도 없습니다.

그런데 그것을 전혀 생각하지도 않고 감사하지도 않고 살아갑니다. 모두 다 엄청난 채무자인데, 채권자로 살아갑니다. 사실은 빚진 자인데 오히려 빚 받을 것이 있다고 생각합니다.

대구에 사는 윤홍기 씨의 이야기입니다. 고등학교 시절 윤홍기 씨는, 아버지가 돌아가신 후 집안이 기울어 돈을 벌어야 했습니다. 생업과 학업을 병행하느라 지친 그는 자신의 처지에 불만이 생겨 나쁜 친구들과 어울리기 시작하였습니다. 그러면서 단짝 친구인 호진이와도 멀어졌습니다. 늘 아버지처럼 옳은 말을 하는 호진이가 싫었습니다.

고3 때, 어머니마저 고혈압으로 쓰러졌습니다. 그러다 보니 집세가 석 달 치나 밀려 집주인의 성화에 시달려야 했습니다. 결국 학교를 결석하고 막노동을 했습니다. 땡볕 아래서 여러 날 힘겹게 일했습니다. 그런데 노임을 받으려고 전화를 하니 없는 번호라는 안내가 나왔습니다. 눈앞이 깜깜했습니다. 너무나 좌절해 집안에서 끙끙 앓고 있는데 누군가 자신을 부르는 소리에 나가보니, 호진이었습니다. 호진이는 봉투 하나를 내밀었습니다. 그 안에는 30만 원이 들어 있었습니다. 순간 자존심이 상했습니다. 화를 내며 봉투를 돌려주려 하자 호진이는 평생 잊을 수 없는 말을 하였습니다. "이 돈은 없어도 그만이지만 친구는 잃고 싶지 않아."

많은 세월이 흘렀음에도 두 사람은 여전히 둘도 없는 단짝으로, 서로가 서로에게 감사하며 열심히 살고 있습니다. 30만 원으로 이런 우정을 얻을 수 있다니 참 감사한 일입니다. 그래서 각박한 세상에서도 여전히 인생은 아름답습니다.

좋은 소식, 유앙겔리온

'복음'은 헬라어로는 '유앙겔리온' 즉 '좋은 소식'이라는 뜻입니다. 이 말은 예수님께서 처음 쓰신 것이 아닙니다. 로마에서 멀리 떨어진 로마 식민지에 사는 로마 시민들에게 황제가 보낸 편지를 '유앙겔리온'이라 했습니다. 세계 최강의 로마 황제로부터 온 소식은, 로마 시민들에게는 큰 이익이 되는 좋은 소식이었습니다.

로마서는 최고의 영화를 누리고 있는 로마에, 예수님의 전권 대사 사도 바울을 통해 보낸 '예수님의 칙서'입니다. 로마서에서 사용된 단어들은 당시 사람들에게는 매우 익숙한 것이었습니다. 종, 사도, 예수 그리스도의 것, 복음 등이 그렇습니다. 그런데 하나님께서 그런 익숙한 단어들에 전혀 새로운 개념들을 담아 놓으셨습니다.

아인슈타인이 이런 말을 하였습니다. "똑같은 방법을 행하면서도 다른 결과나 좋은 결과를 기대하는 것은 미친 짓이다." 이 말을 기독교식으로 바꾸면 이렇습니다. "황제를 섬기는 마음으로 하나님을 섬기면서 황제에게 바라는 것을 하나님께 바라는 것은 미친 짓이다."

하나님께서 부여하신 새로운 개념들을 배우고 이해하고 실천하는 것이 곧 신앙생활의 본질입니다. 로마 황제는 '번영'을 약속합니다. 황제의 번영은 '정복과 소유'를 통해서 이룩하는 것입니다. 번영의 목표는 '육신의 안락'입니다. 이것이 로마 황제의 유앙겔리온입니다. 여호와 하나님께서도 '번영'을 약속하십니다. 하나님의 형상으로 인간을 창조하신 다음 "생육하고 번성하여 땅에 충만하라"(창 1:28)고 하셨습니다. 아브라함에게도 "너로 큰 민족을 이루고 네게 복을 주어 네 이름을 창대하게 하리니 너는 복이 될지라"(창 12:2)고 약속하셨습니다.

그런데 하나님의 번영은 로마 황제의 번영과는 전혀 다릅니다. '여호와 샬롬'이라고 부르는 하나님의 번영은, 단순히 몸의 안락을 넘어, 몸과 마음과 영혼의 소생을 의미합니다. 이 여호와 샬롬은 하나님과의 '관계'를 통해서 이루어집니다. 이것이 예수님의 복음입니다. "잠깐, 세상 사람들도 사람들과의 관계를 중시하는데요"라고 반문할 수 있을 것입니다. 그렇습니다. 성공하기 위해서는 '인맥'이 필수라고 합니다. 인맥도 분명 관계입니다. 그러나 그것은 자신의 이익을 위해 인위적으로 맺는 관계입니다. 인위적이라는 말을 곰곰이 생각해볼 필요가 있습니다. 인위人爲, 사람을 위한다는 뜻입니다. 그런데 인人과 위爲를 합하면 사이비 '위僞'가 됩니다. '가짜'라는 뜻입니다. 로마시대 최고의 인맥은 황제입니다. 그런데 황제와의 관계가 가짜라는 것은 로마 황제들이 스스로 증명하고 있습니다. BC 27년에서 AD 284년까지 로마가 분열 통치하기 전까지 300여 년 동안 49명의 황제가 있었는데, 평균 재임기간은 6년 남짓입니다. 그런데 25명의 황제가 암살을 당했고, 4명이 자살하였습니다. 암살이 두려워 황제자리를 거절한 장군도 있는데, 그나마 현명한 사람입니다. 그밖의 황제들도 전사 내지는 병사, 포로로 잡혀가 처형된 황제도 있습니다. 자연사한 황제는 단 한 명도 없습니다.

가만히 생각해보십시오. 우리의 불행의 원인을, 진실하지 못한 관계에서 생기는 갈등과 반목 때문이라고 해도 과히 틀린 말이 아닙니다. 결혼마저도 그 사람과의 관계보다는 그 사람을 소유하기 위해서 합니다. 이는 첫 출발부터 잘못된 것입니다. 최초의 살인은 형제 사이에서 일어났습니다. 범인은 형 가인입니다. 그런데 가인의 이름의 뜻이 무엇인 줄 아십니까? '소유와 획득'이라는 뜻입니다. 곧 로마 황제와 모든 사람들이 번영을 이루기 위한 방법으로 택하는 것입니다. 로마 황제들의 반복되는 암살과 가인에 의한 동생 아벨의 살해는 동일한 것입니다. 성경은 당시 가장 경건하다고 자타가 공인했던 바리새인들의 숨겨진 탐욕을 질타합니다. "바리새인들은 돈을 좋아하는 자들이라"(눅 16:14). "창세 이후로 흘린 모든 선지자의 피를 이 세대가 담당하되 곧 아벨의 피로부터 제단과 성전 사이에서 죽임을 당한 사가랴의 피까지 하리라" (눅 11:50-51).

자신의 이득에 반하는 모든 사람들을 제거하려고 합니다. 그것도 하나님의 이름으로 합니다. 그러면서도 자신들이 무슨 일을 하는지 전혀 알지 못합니다. 인생의 목표가 소유와 획득인 사람은 반드시 가인이 되고 만다는 사실을 기억해야 합니다. 가인도 하나님께 열심히 제사를 드렸습니다.

로마 교회의 믿음

당시의 로마 교회는 어땠을까요? 그들의 숫자는 많아야 수십, 수백 명이었을 것이고, 당시 어디서나 그랬던 것처럼 어느 가정집에 모여 예배를 드렸을 것입니다. 로마 교회는, 세상을 호령하는 찬란한 로마에서 벌레만도 못한 존재들이었습니다. 또한 로마 교회를 누가 세웠는지도 모릅니다. 가톨릭은 베드로가 세웠다고 주장하지만 그에 대한 근거는 매우 희박합니다.

로마 교회는 자생적으로, 예루살렘에서 신생 기독교의 가르침을 들었거나 박해를 피해 멀리까지 갔던 그리스도인들에 의해 생겼다는 것이 더 옳습니다. 즉 특별한 지도자가 없었다는 뜻입니다. 당시에는 오늘날과 같은 성경책도 없었습니다. 그런데 인편을 통해서 또는 풍문으로 로마 그리스도인들에 대한 소식이 들려옵니다.

사도 바울이 말합니다. "내가 예수 그리스도로 말미암아 너희 모든 사람에 관하여 내 하나님께 감사함은 너희 믿음이 온 세상에 전

파됨이로다"(롬 1:8). 지도자나 체계적인 가르침이 없음에도 공고한 그들의 믿음생활이 바울을 놀라게 하였습니다. 로마 교인들의 신앙생활을, 오늘날로 비유하자면 북한의 지하 교회에서 예배를 드리는 것이며, 중동 회교 국가에서 예수님을 믿는 것과 유사합니다. 이는 어떤 위험도 감수하는 일이며, 모든 권리를 포기하는 일입니다. 그것이 무엇을 의미하는지 사도 바울은 잘 알았습니다. 그들은 소유와 획득을 통한 번영 추구를 멈추기로 한 것입니다. 가인이 되지 않기로 한 것입니다. 하나님을 가장 사랑하기로, 예수 그리스도를 따르기로, 예수님의 가르침대로 살기로 작정한 것입니다. 그들이 예수님을 택했던 이유는 단 하나입니다. 인간은 하나님의 자녀이며 하나님의 자녀는 그렇게 살아야 하기 때문입니다. 오늘날의 우리처럼 번영을 기대한 것이 아닙니다.

사도 바울이 놀란 것은 로마 교인들의 믿음의 순수성 때문입니다. 적은 숫자로 고군분투하는 그들을 보고 가만히 있을 수 없었습니다. 그래서 이렇게 말합니다. "내가 너희 보기를 간절히 원하는 것은 어떤 신령한 은사를 너희에게 나누어주어 너희를 견고하게 하려 함이니"(롬 1:11). 그들을 위로하고 격려하기 위함뿐만 아닙니다. 이를 넘어섭니다. "내가 너희 가운데서 너희와 나의 믿음으로 말미암아 피차 안위함을 얻으려 함이라"(롬 1:12). 신앙의 맹장 사도 바울이 로마 교인들과의 교제로 위로와 힘을 얻겠다는 것입니다. 로마 교인들의 신앙이 그 정도였습니다.

사람들이 흔히 하는 생각은, "나 없으면 그 일이 제대로 될 것 같아?"입니다. 그렇게 생각하는 것이 채권자의 심정입니다. 그런데 그렇게 생각하는 사람이 없어야 오히려 일이 잘됩니다. "나 같은 사람을 사용하여 이런 일들이 이뤄지다니, 그저 송구스러울 뿐입니다." 이것이 빚진 자의 심정입니다.

복음의 빚을 갚는 사람들이 되십시오. 지도자도 성경책도 없는 로마 교인들이 아름다운 신앙을 굳게 세웠음을 기억하십시오.

복음을 부끄러워하지 않는

사도 바울이 말합니다. "내가 복음을 부끄러워하지 아니하노니 이 복음은 모든 믿는 자에게 구원을 주시는 하나님의 능력이 됨이라"(롬 1:16). 복음을 부끄러워하는 사람도 있나 싶겠지만 굉장히 많습니다. 대부분 자신도 모르게 부끄러워합니다. 복음을 부끄러워한다는 것은, 예수님의 가르침을 듣고는 "이 세상이 어떤 세상인데 그렇게 해서 밥이라도 먹겠어?"라고 생각하는 것입니다. 복음을 부끄러워하는 가장 대표적인 사례가 성경의 가르침을 모두 복 받는 수단으로 바꿔놓은 기복주의 신앙입니다.

모세가 말합니다. "네 하나님 여호와를 위하여 쌓은 제단 곁에 어떤 나무로든지 아세라 상을 세우지 말며 자기를 위하여 주상을 세우지 말라. 네 하나님 여호와께서 미워하시느니라”(신 16:21-22). ‘하나님을 위한’ 제단에 ‘자기를 위한’ 어떤 것도 세우지 말라는 것입니다. 여러분에게 가장 많이 듣는 말은, 교회에서 좋은 사람들을 많이 만나게 되었다는 것입니다. 하나님과 여러분께 모두 참 감사한 일입니다.

당부 드립니다. 예수 그리스도로 인하여 만나게 된 소중한 믿음의 친구들을 서로 돌아보아 신뢰와 사랑을 심화시켜 나가기를 간절히 바랍니다. 교회에서는 자신을 위한 그 어떤 이익도 도모하지 말고, 어떻게 하면 어려운 친구들을 살릴까 그 생각만 하면서 서로 지혜를 모으기로 합시다. 그래서 저 교회에 가면 살아난다는 것을 세상에 보여주기로 합시다. 또한 세상에서 새로운 일을 시작할 때, 소유와 획득을 통해 내 이익을 챙기려는 생각은 절대로 하지 않기로 합시다. 그렇게 해서 되는 것이 아니기 때문입니다. 진심으로 하나님께 영광을 돌리고 이웃들을 살리는 일을 기획하고 실행하십시오. 그 일을 통해 반드시 하나님의 능력이 나타납니다. 이를 내 자신이 온몸으로 체험해야 합니다. 그것을 사도 바울은 이렇게 말합니다. “복음에는 하나님의 의가 나타나서 믿음으로 믿음에 이르게 하나니”(롬 1:17).

믿음으로 시작해 믿음으로 살다가 믿음으로 마치는 것이 의인입니다. 복음을 통한 하나님의 능력을 온몸으로 체험하며 다른 사람들에게 나눠주는 우리가 되기를 주님의 이름으로 축원합니다.

03

내버려두사

롬 1:18-25

하나님의 침묵과 유기

윌리엄 톰슨은 그의 책《타락한 몸에 빛이 내리는 순간》에서, 하나님 입장이 되어 이런 질문을 던집니다. "내가 나의 형상을 가진 자유로운 존재를 만들면 어떨까? 그렇게 하면 악이 이 세상을 찾아오는 모험을 감수해야 하는데… 그들이 그 자유를 갖고 나를 사랑할까? 자발적으로 선한 일에 동참할까?"

하나님께서 주신 자유의지로 무엇을 하고 있나 곰곰이 생각해봐야 합니다. "하나님께서 정말 살아 계시다면 어떻게 내게 이런 일이 일어날 수 있습니까?" 예기치 못한 억울한 일을 당할 때 하나님께 던지는 흔한 질문입니다. 내가 직접 당하지 않더라도 살면서 너무나 많은 악한 일들을 목도하게 됩니다. 그때마다 사람들은 하나님의 존재를 의심스러워하기도 하고, 그 의심을 극복하지 못하고 하나님을 떠나는 사람들도 많습니다.

유명한 무신론 철학자 잉거솔이 청중 앞에서 외칩니다. "하나님이시여, 앞으로 당신에게 5분간 시간을 드리겠소. 5분 동안 당신을 저주할 것이요. 만약 당신이 살아 있다면 나를 벌하시오." 그런 뒤 그는 입에 담을 수 없는 저주로 하나님을 모욕했습니다. 그러나 아무 일도 일어나지 않았습니다. 의기양양해진 그는 사람들에게 외쳤습니다. "여러분 보셨죠? 하나님은 없습니다. 절대로 기독교에 속지 마십시오!"

잉거솔처럼 하나님을 모욕하지는 않지만, 하나님의 전지전능함을 믿지 않는 사람들도 많습니다. 2차 세계대전이 끝난 후, 유럽의 신학자들은 하나님의 전지전능하심과 그분의 기적을 버렸습니다. 그 대신 십자가에서 보여주신 예수님의 희생적이고도 구체적인 사랑에 초점을 맞추었습니다. 인간 예수처럼 세상의 부조리와 싸우며 가난한 이웃을 내 몸과 같이 사랑한다면, 이 땅은 하나님나라가 될 것이며 이것이 진정한 기독교라고 주장하였습니다. 많은 유럽인들이 이에 공감하였습니다. 그런데 이상한 일이 벌어졌습니다. 유럽 교회는 점점 힘을 잃어갔고, 교인들은 떠나고 교회는 텅 비기 시작하였습니다.

사람들은 꼭 징계를 받아야 벌이라 생각합니다. 그래서 징계가 없으면 괜찮은 줄 압니다. 그런데 징계보다도 더 무서운 벌이 있습니다. 사도 바울이 말합니다.

> 하나님께서 그들을 마음의 정욕대로 더러움에 내버려두사 그들의 몸을 서로 욕되게 하게 하셨으니(롬 1:24).
>
> 이 때문에 하나님께서 그들을 부끄러운 욕심에 내버려두셨으니(롬 1:26).
>
> 또한 그들이 마음에 하나님 두기를 싫어하매 하나님께서 그들을 그 상실한 마음대로 내버려두사(롬 1:28).

"내버려두다"라는 말을 반복하고 있습니다. 하나님께서 그 일을 그냥 그렇게 하도록 방치하셨다는 것입니다. 이것을 '하나님의 유기遺棄'라고 부릅니다. 이 하나님의 유기야말로 가장 무서운 벌입니다.

동생 아벨을 죽인 형 가인에게 하나님께서 내리는 벌이 무엇인지 아십니까? "너는 땅에서 피하며 유리하는 자가 되리라"(창 4:12)입니다. 친족살인, 그것도 동생살인이라는 최악의 범죄에 대한 벌치고는 아무것도 아닙니다. 그런데 가인은 그 벌에 대해서 이렇게 말합니다. "내 죄벌이 지기가 너무 무거우니이다"(창 4:13). 자신이 저지른 일에 비해 벌이 심하다는 뜻이 아닙니다. 사람들을 피하며 방황하는 삶이 얼마나 끔찍한지 가인은 알고 있었습니다. 만약 '하나님의 유기'가 얼마나 무서운 것인지 모른다면, 그 사람은 가인만도 못한 사람입니다.

하나님의 침묵과 유기에 대한 반응 중 심각하게 숙고해봐야 할 반응이 있습니다. "아니, 사랑의 하나님이라면서 어떻게 내버려둘 수가 있어?"라는 반응입니다. 그런데 하나님께서 인간에게만 주신 것이 있습니다. '자유의지'입니다. 자유의지를 인간에게 주신 것은 하나님의 최대의 모험입니다. 사자는 인간보다 강해도 모든 사자들의 삶은 똑같습니다. 그러나 인간의 삶은 각자 독특하고 다양합니다. 모두 자유의지 때문입니다. 자유의지를 주신 하나님께서는 한 사람 한 사람으로부터 가장 독특하고 개성 넘치는 영광을 받기 원하셨습니다. 그런데 불행히도 우리 인간들은 자유의지로 사탄을 선택하고 하나님을 반역하는 데 사용하였습니다.

어떤 삶을 내버려두시는가

하나님께 남은 선택은 두 가지입니다.

첫째는 자유의지를 회수하는 것입니다. 그런데 자유의지를 박탈한다면 인간들은 로봇이 되어버립니다. 불완전하고 의존적인 우리 인간들에게나 로봇이 필요하지, 자존하시는 하나님께 로봇은 필요 없습니다. 그럴 바에는 세상 문을 닫아버리는 것이 낫습니다.

둘째는 인간이 원하는 것을 모두 다 들어주시는 것입니다. 이것이 우리 인간들이 바라는 것입니다. 그런데 그렇게 하신다면 세상이 어떻게 될까요? 남북한은 서로 없어지기를 원합니다. 서로 사라져주기를 바라는 상대들은 동시에 모두 사라져버리고 아무도 남아 있지 않을 것입니다. 또한 내가 바라는 모든 것이 이루어진다고 해서 내가 행복해지는 것도 아닙니다. '하나님의 침묵'은 '하나님의 부재'를 의미하는 것이 아닙니다. 하나님의 침묵은 그분의 '오래 참으심'이며 그분의 가슴 아픈 유기입니다.

하나님께서 내버려두시는 삶에 어떤 것들이 있는지 사도 바울이 열거합니다. 혹시 내 자신이 해당되는 삶이 있는지 살펴보시기 바랍니다.

첫째, 하나님은 '불의로 진리를 막는 사람들'을 내버려두십니다. 진리에 대하여 사도 바울이 다음과 같이 말합니다. "창세로부터 그의 보이지 아니하는 것들 곧 그의 영원하신 능력과 신성이 그가 만드신 만물에 분명히 보여 알려졌나니 그러므로 그들이 핑계하지 못할지니라"(롬 1:20). 하나님의 전지전능하신 능력이 얼마나 기기묘묘한지 개미 한 마리만 보아도 알 수 있습니다. 동남아시아에 가면 벽에 붙어 있는 도마뱀을 쉽게 볼 수 있는데 천장에 붙어서 잽싸게 도망갑니다. 과학자들이 그 도마뱀의 발바닥을 열심히 연구해보지만 흉내 내기가 여간 어려운 것이 아닙니다.

체코의 하벨 전 대통령이 말합니다. "인간이 하나님을 잃으면 자신과 모든 사물의 위치를 정해주는 절대적인 좌표를 상실합니다. 상대적인 가치밖에 없는 여러 좌표에 자신을 맞추다보면, 필연적으로 인간의 존재도 서서히 분열되고 그가 속한 세계도 괴멸할 것입니다." 만물의 창조주 하나님, 삶의 절대 좌표이신 하나님의 말씀은 진리입니다. 이 진리를 불의로 가로막는 것은 자멸의 길을 가는 것입니다.

두 번째로 '하나님을 알되 하나님을 영화롭게도 아니하며 감사하지도 않는 사람들'을 내버려두십니다. "하나님을 알되 하나님을 영화롭게도 아니하며 감사하지도 아니하고 오히려 그 생각이 허망하여지며 미련한 마음이 어두워졌나니"(롬 1:21). 하나님을 영화롭게 아니하고 자신만을 위합니다. 모든 것이 하나님에게서 온 것임에도, 자신이 잘해서 얻은 것으로 생각합니다. 정말 자기가 잘해서일까요? 참으로 허망하고 미련하기 짝이 없는 생각입니다.

체스터튼이 말합니다. "가장 끔찍한 상황은, 진정으로 감사를 느낌에도 정작 감사할 대상이 없는 순간이다." 참 그리스도인들이 가진 가장 큰 비밀은 바로 하나님을 향한 감사와 기쁨이라고 말합니다. 감사는 기쁨을 낳고 더 큰 감사를 낳습니다. 하나님 자신을 우리의 감사의 대상으로 내어주신 하나님을 찬양합니다.

세 번째 '우상숭배로 전락한 삶'을 하나님께서는 내버려두십니다. "썩어지지 아니하는 하나님의 영광을 썩어질 사람과 새와 짐승과 기어 다니는 동물 모양의 우상으로 바꾸었느니라"(롬 1:23). 사람들은 별걸 다 숭배합니다. 개구리도 숭배합니다. 통도사에 가면 금와金蛙라는 것이 있습니다. 누런 산개구리일 뿐인데, 사람들은 그 개구리를 보면 부처님을 만난 양 열심히 합장하며 절을 합니다. 또 우담바라라는 것이 있습니다. 3000년에 한번 핀다는 신비한 꽃으로, 몇 년 전 군산시청 현관문에 이 꽃이 피었다고 난리가 났습니다. 사람들이 몰려와서 절을 하고 치성을 드렸는데 사실 우담바라는 풀잠자리알이라고 합니다. 그럼에도 하나님께서는 그 사람들에게 "너 왜 그러니" 하지 않고 그냥 내버려두십니다.

네 번째로 내버려두시는 삶은 '정욕의 노예로 사는 사람들'입니다. "그러므로 하나님께서 그들을 마음의 정욕대로 더러움에 내버려두사 그들의 몸을 서로 욕되게 하게 하셨으니"(롬 1:24).

다섯 번째로 '마음에 하나님 두기를 싫어하는 사람'들을 내버려두십니다. "또한 그들이 마음에 하나님 두기를 싫어하매 하나님께서 그들을 그 상실한 마음대로 내버려두사 합당하지 못한 일을 하게 하셨으니"(롬 1:28).

자, 어떻습니까? 그 어디에도 해당되지 않는다고 자신할 사람은 아무도 없을 것입니다. 만약 내가 어느 하나라도 해당된다면 하나님의 오래 참으심의 마음을 헤아리고 내 마음을 하나님께로 돌려야 합니다.

제3의 길

하나님께서는 인간의 자유를 박탈하거나 소원을 모두 들어주는 대신, 제3의 길을 열어놓으셨습니다. 그 길은 어떤 길일까요? 제3의 길을 처음으로 간 사람은 바로 아브라함입니다. 하나님께서 아브라함에게 말씀하십니다. "너는 너의 고향과 친척과 아버지의 집을 떠나 내가 네게 보여줄 땅으로 가라"(창 12:1). 이 말씀을 아브라함에게만 하셨을까요? 아닙니다. 당시 모든 이들에게 하셨을 것입니다. 그런데 아브라함만이 그 말씀을 듣고 고향과 친척, 아버지의 집을 떠났습니다. 당시는 국경도 없습니다. 고향집을 떠난다는 것은 목숨을 거는 모험입니다. 그러나 아브라함은 하나님의 말씀에 의지하여 떠났고, 그렇게 아브라함은 '최초의 믿음의 조상'이 되었습니다. 우리를 사랑하시는 하나님께서는 성경말씀뿐만 아니라, 온 천하 만물과 모든 사건사고를 통해서 우리를 부르고 하나님을 따를 것을 촉구하십니다.

로저 보울린은 18세의 고등학생으로, 위급사태에 대처하는 해상수색 구조대에서 자원봉사를 합니다. 그런데 주말만 되면 로저와 그의 동료들은 가슴이 미어지는 비참한 일들을 겪곤 합니다. 빙하지대에서 실종된 등산객을 찾아 나섰다가 엄청난 눈폭풍으로 인해 퇴각할 수밖에 없었습니다. 끝내 실종자를 발견하지 못했습니다. 참혹하게 살해된 시신을 여러 번 목격하기도 하였습니다. 그중에는 안면이 있는 사람도 있었습니다.

어린 나이에 감당할 수 없는 세상의 부조리와 사악함을 수없이 목격한 로저 보울린이 이런 말을 합니다. "사람들은 죽음과 비극에 대해서 말하려고 하지 않았습니다. 너무나 끔찍해서일까요? 그저 날씨나 옷이나 야구경기에 대한 이야기나 하면서 편안히 지내려고만 했습니다. 죽음이나 죽음에 대한 대비나, 하나님의 존재와 개입에 대해서, 정말 중요한 것들에 대해서 말하려는 사람은 아무도 없었습니다." 결국 로저는 그리스도인이 되었습니다. 세상의 부조리와 사악함 때문에 하나님을 버린 것이 아니라, 그로 인하여 오히려 하나님을 찾았습니다.

아브라함 헤셸의 말입니다. "어째서 정의롭고 사랑이 많으신 하나님께서 악이 존속하도록 허용하시는가 하는 문제는, 어떻게 인간이 하나님과 함께 그분의 공의와 사랑을 드러나게 할 것인가의 문제입니다." 고난과 고통은 우리를 부르시는 하나님의 간절한 외침이며, 하나님의 사랑과 공의에 참여하자는 간곡한 초대입니다.

어니스트 고든은 24세의 젊은 영국군 장교로 일본군의 포로가 되었습니다. 태국의 정글에 끌려가서 철도 공사에 동원되었습니다. 작업장은 지옥 그 자체였습니다. 찌는 듯한 더위, 각종 벌레와 풍토병, 형편없는 급식. 일본군은 마음에 들지 않으면 그 자리에서 포로들을 죽였습니다. 철도를 건설하는 동안, 1마일당 393명의 포로들이 죽었습니다. 8만 명의 연합군 포로들이 그렇게 죽어갔습니다. 지옥과 같은 그곳의 삶을 더욱 황폐하게 하는 것이 있었습니다. 그것은 포로들 간의 반목과 생존 경쟁이었습니다. 누가 죽어가도 자신만 편하면 상관하지 않았습니다. 서로에 대한 증오심은 하늘을 찔렀고, 사람들은 점점 야수가 되어갔습니다. 그런데도 하나님께서는 침묵하셨습니다.

그런데 그 지옥을 바꾸는 한 사건이 일어났습니다. 하루 일과가 끝나면 작업도구를 꼼꼼히 헤아리는데 삽 하나가 없어진 것입니다. 일본군은 삽을 훔친 사람 나오라고 소리쳤지만 아무도 나오지 않았습니다. 화가 난 일본군들은 "다 죽인다"고 소리치며 실탄을 장전하였습니다. 바로 그 순간 한 병사가 앞으로 걸어 나와 차렷 자세를 취하며 말했습니다. "내가 그랬습니다." 광분한 일본군은 그 병사를 그 자리에서 죽였습니다. 그런데 삽이 없어진 것이 아니었습니다. 잘못 센 것입니다.

"사람이 친구를 위하여 자기 목숨을 버리면 이보다 더 큰 사랑이 없나니"(요 15:13)라는 예수님의 말씀을 기억한 그 병사가 동료들을 위하여 목숨을 버린 것입니다. 그날 이후 포로들의 태도가 달라지기 시작하였습니다. 그들은 더 이상 야수가 아니었습니다. 증오심도 버렸습니다. 죽어가는 동료들을 보살피고 숨을 거두면 장례를 치러주고 그를 위하여 함께 기도하고 십자가를 꽂아주었습니다. 새로운 정신이 계속해서 온 수용소 전체에 조용히 퍼져나갔습니다.

어니스트 고든은 대학에서 철학을 공부하였다는 이유만으로 비공식 군목이 되었습니다. 어릴 때 기억을 더듬어 군목 일을 어설프게 해나갔고, 작은 교회도 세웠습니다. 매일 저녁 모여서 기도제목을 내놓고 함께 기도하였습니다. 그뿐 아닙니다. 과거의 전공을 살려 동료들을 가르치기 시작하였습니다. '정글대학'이 세워진 것입니다. 역사, 철학, 경제학, 수학, 과학은 물론 라틴어, 그리스어, 러시아어, 산스크리트어를 포함한 아홉 개의 언어를 가르쳤습니다. 예술적 재능을 가진 포로들은 자신들만의 페인트를 만들고 그림을 그려 삭막한 환경을 아름답게 꾸몄습니다. 악기까지 만들어 관현악단을 만들었습니다. 기억력이 뛰어난 사람이 베토벤, 슈베르트의 교향곡을 통째로 악보 위에 써냈고 정기적으로 연주회가 열렸습니다.

여기서 변화가 그친 것이 아닙니다. 얼마나 완전하게 변했는지, 마침내 해방되었을 때, 극악한 일본군들에게 보복하지 않았습니다. 친절하게 대했습니다. 어니스트 고든의 삶도 바뀌었습니다. 모든 꿈을 포기하고 신학교에 가서 장로교 목사가 되었습니다. 어니스트 고든 목사는 이렇게 말합니다. "하나님께서는 우리를 버리신 것이 아니었습니다. 예수님의 말씀을 목숨으로 바꾼 그 병사로 인하여 우리는 하나님을 찾았습니다. 하나님은 언제나처럼 우리와 함께 계셨습니다. 우리가 서로 사랑하며 신성한 삶을 살도록 우리를 애타게 부르고 계셨습니다."

고든과 연합군 포로들이 갔던 길, 이 길이 하나님께서 우리 모두가 가기를 원하시는 제3의 길입니다. 생명을 살리고 그 생명이 더욱 풍성해지는 유일한 구원의 길입니다.

나와 가장 가까운 존재는 부모도 배우자도 사랑하는 사람도 자녀도 친구도 아닙니다. 아무리 친하고 사랑해도 육체를 입은 사람일 뿐입니다. 내게 가장 가까운 존재는 영이신 하나님입니다. 이분을 생각하는 순간 이미 내게 와 계십니다. 산다는 것은 그분과 천천히 동행하는 것입니다. 그분은 죽음 너머에도 나와 동행하십니다. 그때는 영과 영으로 나와 동행하십니다.

04

죄 아래 있는 사람들

롬 3:1-9

죄로 인한 파멸

미국의 극작가 테네시 윌리엄스의 희곡 〈올훼〉라는 작품이 있습니다. 여주인공 레이디의 아버지는 양조장과 큰 과수원을 경영해서 많은 돈을 벌었습니다. 거대한 저택에 많은 하인들을 거느리며 행복하고 풍요롭게 살아가던 어느 날, 한 난폭한 젊은이가 과수원에 불을 질러 집도 불에 타고 레이디의 아버지도 불에 타 숨지고 말았습니다.

홀로 남게 된 레이디는 훗날, 한 젊은 청년을 만나 결혼을 합니다. 오붓한 가정을 이루고 살다가 남편 제이브가 과수원에 불을 지르고 아버지를 죽인 살해범이란 것을 알게 됩니다. 그때부터 레이디는 남편에 대한 적개심과 복수심에 불타고 맙니다. 남편 제이브를 고통스럽게 죽일 수 있는 방법을 찾던 중 제이브가 불치병에 걸려서 앓아눕게 되었습니다. 매일 신음하며 고통스러워하는 제이브를 돌봐주지 않고 그대로 방치, 그대로 죽기만을 기다렸습니다. 그녀의 마음속에는 "아버지를 죽이고 가정을 파멸로 이끈 저 남자는 어떻게든 고통스럽게 죽어야 한다"는 생각뿐이었습니다. 이런 아내의 모습을 보다 못한 제이브는 결국 권총으로 아내를 살해하고 스스로 목숨을 끊는 것으로 모든 것이 끝나버립니다.

테네시 윌리엄스가 말하고 싶은 것은 누구의 옳고 그름에 대한 것이 아닙니다. 죄로 인하여 파멸되어 가는 모든 인간의 아픔과 비극을 깨닫게 하고 싶은 것입니다. 그렇습니다. 모든 인간들은 너나 할 것 없이 마음 깊숙한 곳에 이런 죄의 본성이 남아 있어서, 시도 때도 없이 불쑥불쑥 드러나 나와 남을 괴롭히고 파괴합니다.

의인은 없나니

사도 바울은, 로마서 1장에서 모든 인간이 지닌 죄성을 고발하였습니다. 이에 대한 하나님의 징벌은 그저 그렇게 하도록 내버려두시는 것입니다.

로마서 2장에서는 유대인의 죄악을 고발하였습니다. 유대인은 헬라인들에 비하여 대단히 도덕적이었고 종교적인 사람이었고, 무엇보다도 하나님을 아는 사람들입니다. 그럼에도 그들 역시 죄인들입니다. 그들의 죄성은 오히려 자신들만이 하나님의 택하심을 받았다는 데서 기인한 것입니다. 하나님의 택하심이 그들의 죄성의 원인이라는 것은 깊이 생각해보아야 할 굉장히 중요한 사항입니다.

유대인들에게 이방인이란, 단순히 하나님을 모르는 사람들을 의미하는 것이 아닙니다. 반드시 정복하고 박멸되어야 하는 존재들입니다. 유대인의 지혜를 모아놓은 책 《탈무드》에 "하나님께서 이방인들을 사람의 모습으로 만드신 이유는 그들을 종으로 부릴 때 혐오감을 느끼지 않도록 하기 위함이다"는 말이 있을 정도로 유대인의 자만심은 대단하였습니다. 오늘날의 많은 그리스도인들이 세상 사람들에게 지탄을 받는 이유도 동일합니다. 세상 사람들을 오로지 전도의 대상으로 보고 타종교인들을 타도의 대상으로 봅니다.

사도 바울이 말합니다. "율법을 자랑하는 네가 율법을 범함으로 하나님을 욕되게 하느냐"(롬 2:23). 하나님의 택함을 받았다는 그 특권이 오히려 그들에게 올무가 되어 하나님을 모르는 이방인들보다 더 큰 죄를 지은 것입니다. 사도 바울도 결론적으로 말합니다. "그러면 어떠하냐. 우리는 나으냐. 결코 아니라. 유대인이나 헬라인이나 다 죄 아래에 있다고 우리가 이미 선언하였느니라"(롬 3:9).

구체적으로 어떤 잘못을 범하고 있는지를 살펴봅니다. 첫 번째 잘못에 대해 말합니다. "어떤 자들이 믿지 아니하였으면 어찌하리요, 그 믿지 아니함이 하나님의 미쁘심을 폐하겠느냐"(롬 3:3). 성경에는 하나님의 말씀과 행적이 기록되어 있습니다. 천지만물과 인간의 창조, 하나님의 뜻과 하나님의 약속 그리고 '하나님의 열심'으로 그 구원의 약속들을 이루어가시는 과정들이 기록되어 있습니다.

그런데 사람들이 그 모든 것을 다 믿는 것은 아닙니다. 자신의 입맛에 맞는 것만 받아들입니다. 그렇다고 해서 하나님의 약속이 파기되거나 취소되는 것이 아닙니다. 하나님의 미쁘심이란 하나님은 믿을 만한 분이며, 신실하셔서 한번 정한 것은 변동이 없다는 뜻입니다. 바로 자신의 뜻에 따라 하나님의 일부만을 믿는 것이 첫 번째 잘못입니다.

두 번째 잘못에 대해 다음과 같이 말합니다. "그러나 우리 불의가 하나님의 의를 드러나게 하면 무슨 말 하리요. [내가 사람의 말하는 대로 말하노니] 진노를 내리시는 하나님이 불의하시냐"(롬 3:5). 무슨 말씀입니까? '내가 잘못을 저지르면, 오히려 하나님의 의가 더 두드러지니까, 내가 하나님의 영광을 드러낸 거다. 그러므로 그런 나를 벌주신다면 하나님이 잘못된 것이다'라는 뜻입니다. 그야말로 궤변입니다.

통일교에서 주장하는 것은 이렇습니다. "예수가 십자가에 달리는 것이 하나님의 계획이라면, 그런데 예수님을 배반하고 은 삼십에 판 가룟 유다가 없었다면, 예수님의 십자가가 어떻게 가능했겠느냐? 그러므로 가룟 유다는 하나님의 계획에 큰 역할을 한 것이 아니냐? 그러므로 가룟 유다를 벌하는 것은 하나님의 불의를 드러내는 것이다. 그런데 하나님이 불의하실 리가 없다. 그러므로 예수 십자가의 죽음은 그저 제자의 배신의 결과일 뿐이지, 이것이 구원을 가져다주는 것은 아니다." 바로 이것이 두 번째 잘못입니다.

또 이런 궤변도 있습니다. "그러나 나의 거짓말로 하나님의 참되심이 더 풍성하여 그의 영광이 되었다면 어찌 내가 죄인처럼 심판을 받으리요"(롬 3:7). 내가 죄를 지음으로써 하나님의 참되심이 더 풍성해지고 하나님께 영광이 되었다면, 내가 왜 죄인이냐는 항변입니다. 그러니까 하나님의 참되심이 더욱 더 드러나기 위해서는 우리가 더욱 열심히 죄를 지어야 한다는 것입니다.

이렇듯 유대인들은 갖은 핑계를 대면서도, 또 하나님께서 그들에게 맡겼던 사명을 등한시하면서도, 자신은 아브라함의 자손으로 모세에 의해 율법을 받은 하나님의 선민이요, 의인이라고 주장하였습니다.

우리는 어떻습니까? 혹시 개념조차 없어서 궤변조차도 없는 것이 아닙니까? 그저 예수 믿고 세례 받고 교회 다니면 구원 받고 천당에 가는 것으로 생각하는 것이 아닙니까?

사도 바울이 결론처럼 말합니다. "의인은 없나니 하나도 없으며 깨닫는 자도 없고 하나님을 찾는 자도 없고 다 치우쳐 함께 무익하게 되고 선을 행하는 자는 없나니 하나도 없도다"(롬 3:10-12). 이 말씀 앞에서 각자 자신을 돌아보아야 합니다.

표면적 그리스도인과 이면적 그리스도인

중국이 개방되기 전 일입니다. 미국에서 활동하고 있던 중국 스파이 한 명을 체포하였습니다. 오랫동안 CIA의 의심을 받고 있었는데, 결정적 증거를 찾을 수가 없었습니다. 생긴 것도 백인 남성, 영어도 완벽했고 제스처도 전형적인 미국인이었습니다. 유럽여행 중인 그를 추적하면서 한 정보요원이 테스트를 하였습니다. 시내버스 속, 그 사람 옆에서 휘파람으로 미국 국가를 불렀습니다. 그런데 아무런 반응을 보이지 않았습니다. 그러자 이번에는 중국 국가를 휘파람으로 불렀습니다. 그랬더니 한번 흘깃 쳐다보았고, 계속 휘파람을 불자 낮은 소리로 흥얼거리기까지 하였습니다. 그래서 체포되었습니다.

완전한 미국인으로 가장하였지만 중국인의 피가 흐르고 있었던 것입니다. 신앙생활도 마찬가지입니다. 세뇌와 모방과 훈련에 의해서 얼마든지 겉모양은 그리스도인처럼 행동할 수 있습니다. 이런 사람을 사도 바울은 '표면적 그리스도인'(롬 2:28)이라고 부릅니다.

표면적 그리스도인의 반대는 '이면적 그리스도인'(롬 2:29)입니다.

예수님의 피로 행하는 세례를 진짜 세례로 받아들이며, 내 생각과 논리로 예수님의 가르침을 왜곡하지 않고, 예수님의 살과 피를 먹고 내 삶에서 예수님의 생각과 행동이 드러나는, 그리스도와 함께 죽고 내 안에서 그리스도께서 사는, 속사람까지 그리스도인을 '이면적 그리스도인'이라고 말합니다. 이면적 그리스도인이 되기 위해서 마음에 새겨야 하는 가장 중요한 일이 있습니다.

하나님 말씀을 맡은 자

사도 바울이 모든 유대인들에게 묻고 있습니다. "유대인의 나음이 무엇이며 할례의 유익이 무엇이냐"(롬 3:1). 굉장히 중요한 질문입니다. 오늘 말로 바꾸면 "그리스도인의 나음이 무엇이며, 세례의 유익이 무엇이냐?"라는 것입니다. 우리가 세례를 통하여 그리스도인이 되었습니다. 그렇다면 다른 사람보다 나은 점이 무엇이며 또 유익이 무엇입니까?

예수님을 믿은 다음, 불치병이 나았습니다. 나쁜 습관을 끊었습니다. 생의 목표를 찾았습니다. 참 행복을 알았습니다. 절망과 슬픔을 이겼습니다. 정직해졌습니다. 성실해졌습니다. 가정이 화목해졌습니다. 신뢰와 존경을 받게 되었습니다. 죽음이 두렵지 않게 되었습니다. 영원한 하나님나라를 사모하게 되었습니다. 이 모든 것이 예수님이 아니었다면 불가능한 것들로 정말 감사한 일들입니다.

그런데 그보다 더 중요한, 가장 중요한 것이 있습니다. '하나님의 말씀을 맡았다'는 것입니다. 하나님께서는 처음에는 구약백성인 유대인에게 하나님의 말씀을 맡겼습니다. 그랬더니 그 말씀을 믿고 순종하지도 않을 뿐만 아니라 남에게 가르치지도 않았습니다. 그 말씀을 죽은 의문儀文, 즉 율법으로 만들어버렸습니다. 그래서 예수님께서 신약백성인 우리에게 다시 하나님의 말씀을 맡기셨습니다. 하나님께서 '맡기신 말씀' 곧 '예언預言'입니다. 이 예언은, 소위 기도하는 사람들이나 점쟁이들이 행하는, 앞날을 점쳐주는 예언과는 아무런 관계가 없습니다.

왜 하나님께서 자신의 말씀을 우리에게 맡기셨을까요?

은행에 돈을 맡깁니다. 예금을 합니다. 예금하는 것은 가장 먼저 나 자신을 위함입니다. 그러므로 하나님의 말씀을 맡은 사람으로서 하나님의 말씀을 믿고 행하는 것이 첫 번째 할 일입니다. 말씀은 곧 하나님이십니다. "태초에 말씀이 계시니라. 이 말씀이 하나님과 함께 계셨으니 이 말씀은 곧 하나님이시니라. … 그 안에 생명이 있었으니 이 생명은 사람들의 빛이라"(요 1:1, 4).

천지만물 온 우주와 우리를 지으신 하나님이 말씀을 아멘으로 받을 때 내 안에 들어오십니다. 당연히 나는 살아납니다. 하나님과 그분의 말씀이 생명의 원천이기 때문입니다. 어둠의 세력이 맥을 못추고 물러납니다. 너무나 당연한 일입니다.

돈 없이 값 없이 와서 포도주와 젖을 사라고 하셨습니다(사 55:1). 포도주와 젖은 우리 생명에 필수적인 하나님의 은혜, 사랑, 능력, 지혜를 말합니다. 그런데 돈 없이 사라고 하십니다. 돈이 없는데 어떻게 살 수 있습니까? 사라는 것은 '청종하라'는 것입니다. 청종한다는 것은 듣고 행하는 것입니다. 그런데 많은 목사들이 이 생명의 복음을 복 받는 비결로 상품화하고 비싼 값으로 팝니다. 비싼 값이란, 밤낮 없는 종교행위와 넘치는 헌금입니다. '행한다'는 것은 종교행위를 하는 것이 아니라, 예수님의 가르침을 일상의 삶에서 행하는 것입니다.

랄프 왈도 에머슨이 말합니다. "무엇이 성공인가? 그것은 한 뙈기의 땅을 가꾸든, 나라를 통치하든, 자기가 태어나기 전보다 세상을 조금이라도 살기 좋은 곳으로 만들어놓고 떠나는 것이 진정한 성공이다." 하나님의 말씀을 맡은 자된 그리스도인들은 예수님의 가르침대로 행하여 날로 풍성해지는 삶을 자녀들과 세상에 보여주고, 이웃들에게 유익을 나누고 베풀어야 합니다.

내가 은행에 맡긴 돈은 남을 위해서 나라를 위해서 쓰입니다. 그러므로 하나님께서 우리에게 말씀을 맡기신 두 번째 이유는 다른 사람들에게 이 복음을 가르치라는 것입니다. "하늘과 땅의 모든 권세를 내게 주셨으니 그러므로 너희는 가서 모든 민족을 제자로 삼아 아버지와 아들과 성령의 이름으로 세례를 베풀고 내가 너희에게 분부한 모든 것을 가르쳐 지키게 하라"(마 28:18-20). 예수님께서 우리 모두에게 주신 '대사명' 즉 '위대한 사명The Great Commandment'입니다. 이 위대한 사명을 행하는 것이 하나님의 말씀을 맡은 그리스도인들의 책임입니다.

삶으로 증명하는 말씀

덴마크가 독일과의 전쟁에서 패하고 비옥한 땅을 빼앗기고 불모의 땅만 남았습니다. 절망에 빠진 덴마크를 일으킨 사람은 그룬투비입니다. 그는 '덴마크 중흥의 아버지'로 불리며, 89세 나이로 임종을 맞았을 때 온 국민이 슬퍼했습니다. 그는 원래 목사였습니다. 신학교를 수석으로 입학하고 졸업하여 교만으로 가득 차 있었는데, 교회 지도자들이 그런 그를 조그만 섬의 교회에 파견하였습니다. 자신을 알아주지 않는 세상을 원망하며 우울증에 시달리며 목회를 하다가 42세에 성령체험을 합니다. 그때 그는 자신의 교만을 버렸습니다. 그리고 황폐한 조국과 희망을 잃은 백성들을 살리는 일에 매진하기로 결심하고, 그 작은 섬에서 자신이 할 수 있는 일을 하나씩 해나갔습니다. 모든 것을 하나님께 맡기고 그 작은 일에 최선을 다했습니다.

그가 평생토록 외친 세 가지 구호가 있습니다. "덴마크 국민들이

여, 하나님을 사랑하라. 덴마크 국민들이여, 조국을 사랑하라. 덴마크 국민들이여, 이웃을 사랑하라."

그가 황폐한 조국을 중흥시키기 위해 65세의 늦은 나이에 코펜하겐 시의원으로 출마했을 때의 일입니다. 무소속으로 출마한 그가 56표의 근소한 차로 낙선합니다. 시민들이 너무나 아쉬워하였습니다. 그러자 뜻밖의 일이 일어났습니다. 그룬투비를 제치고 당선된 의원이 자진사임을 한 것입니다. 보궐선거를 해야 하는데 이번에는 입후보자들이 전원 사퇴해버렸습니다. 그렇게 무투표로 당선된 그는 국가와 국민들을 위해 전심을 다해 일했고, 오늘날의 최고 복지국가 덴마크의 초석이 되었습니다.

하나님의 말씀을 맡은 우리 그리스도인들은 사사로운 이익추구를 포기하고 하나님 말씀의 능력을 삶으로 증명하여 각자 삶의 자리에서 존경받는 리더가 되어야 합니다. 그것이 곧 예수님의 세례를 받은 우리의 사명이자 최고의 유익입니다.

하나님께서 친히 약속하십니다.
“오직 여호와가 네게 영원한 빛이 되며
네 하나님이 네 영광이 되리니 …
네 슬픔의 날이 끝날 것임이라”(사 60:22).

05

참으로 사랑하기에

롬 3:20-27

하나님의 절대 교리

나이든 분들은 김대두라는 이름을 기억할 것입니다. 1975년 17명의 무고한 생명을 없앤 흉악범입니다. 그는 감옥에서 기독교인이 되어 과거를 깊이 뉘우치고, 피해자와 피해자 가족들에게 진심으로 용서를 구한 뒤, 형장의 이슬로 사라졌습니다. 그의 바람에 따라 그의 장기는 사람들에게 이식되어 여러 생명을 구했습니다.

흉악한 범죄를 저질렀어도 회개하면 천국에 간다는 기독교의 교리를 말도 안 된다며, 그래서 기독교를 믿을 수 없으며 기독교인들의 오만과 무례가 이 황당한 교리 때문이라고 비판하는 사람들이 굉장히 많습니다. 세상 사람들의 게거품 무는 이 비판에 그리스도인들이 유구무언일 수밖에 없는 이유가 있습니다. 우리 그리스도인들이 그 교리에서 가장 결정적인 것 하나를 잃어버렸기 때문입니다. 그 잃어버린 하나가 무엇일까요?

2차 세계대전이 한창이던 1944년, 젊은 비젠탈은 폴란드 출생 유대인으로 죽음의 수용소에 갇혔습니다. 그가 당한 고초는 필설로는 다 할 수 없는 참담한 것입니다. 부모를 포함한 89명의 가족과 친척들이 나치에 의해 죽어가는 것을 무력하게 지켜보아야 했습니다.

수용소에서 모진 목숨을 부지하며 살아가던 그에게 어느 날 독일 간호사가 다가와 머뭇거리며 "유대인이세요?"라고 묻더니 손짓으로 자기를 따라오라고 했습니다. 그래서 따라간 곳은 병실이었고, 거기에는 온몸에 붕대를 감고 신음하며 죽어가는 한 남자가 누워 있었습니다. 그는 악명 높은 나치 친위대 장교였습니다. 홀로 남겨진 비젠탈에게 그 장교는 "제 이름은 칼입니다"라고 고통을 씹으며 간신히 자신을 소개한 후 어렵게 말을 이어갔습니다. "당신에게 제가 저지른 끔찍한 일을 털어놓겠습니다. 당신이 유대인이기 때문입니다." 그리고 자신이 저질렀던 잔인한 만행들을 자세히 묘사하기 시작했습니다. 비젠탈은 참고 들어줄 수가 없었습니다. 세 번이나 뿌리치고 나오려고 했으나 그때마다 그 장교는 핏기 없는 손으로 그의 옷을 필사적으로 붙잡고는 자신의 이야기를 들어달라고 간청하였습니다. 길고 긴 이야기 끝에 장교는 이렇게 말했습니다.

"지금까지 한 이야기가 얼마나 끔찍한 줄은 저 역시 잘 압니다. 죽음을 기다리면서 유대인 한 사람에게 모든 걸 다 털어놓고 용서를 빌고 싶은 마음이 간절했습니다. 당신에게 너무 심한 부탁이란 걸 잘 압니다. 하지만 당신의 용서 없이는 편히 죽을 수 없습니다."

그의 말을 침묵으로 듣는 동안, 왜 자신이 이 이야기를 들어줘야 하는가 하는 깊은 회의에서부터 자기 민족의 고통과 나치에 대한 적개심과 복수심 등 형언할 수 없는 마음들이 마구 뒤얽혔습니다. 비젠탈은 어떤 말도 할 수 없었습니다. 이윽고 그는 마음을 정했습니다. 그러고는 조용히 일어나 말없이 그 방을 나와버렸습니다.

전쟁이 끝난 뒤 비젠탈은 자유의 몸이 되었습니다. 그러나 그때 그 병실에서의 장면은 유령처럼 그를 쫓아다녔습니다. 그 기억을 떨쳐버리기 위해, 그 친위대 장교의 어머니를 만나러 갔습니다. 그러나 자신에게 들려주는 아들의 어린 시절 이야기는, 착하고 신앙심 깊은 추억들 때문에 그 장교의 인간적인 모습만 더 부각되었고, 차마 그 아들의 마지막 순간을 들려줄 수 없었습니다. 전쟁이 끝난 지 스무 해도 더 지난 후에, 그는 윤리 분야의 최고의 지성들에게 사연을 보내며 이렇게 물었습니다. "당신이 나였다면 어떻게 했겠습니까?"

이 이야기는 필립 얀시의 책 《놀라운 하나님의 은혜》에 수록된 내용입니다. 여러분이라면 어떻게 하겠습니까? 사도 바울은 로마서 3장에서, 모든 사람들은 죄인들이며 자신의 죄조차도 부끄러워하지 않을 뿐만 아니라, 오히려 "그 혀로는 속임을 일삼으며 그 입술에는 독사의 독이 있고 그 입에는 저주와 악독이 가득하고 그 발은 피 흘리는 데 빠른"(롬 3:13-15) 악인들이라고, 여기에는 예외가 없다고 길게 설명하고 있습니다.

죄에서 자유로운 사람이 없다는 것은 우리 모두 인정합니다. 그러나 언제나 나쁜 생각만 하는 것은 아닙니다. 좋은 일도 꽤 하고, 어려운 사람들을 측은한 마음으로 도와주기도 합니다. 그래서 언제나 독사의 독과 저주와 악독이 가득하고 피 흘리는 데 빠르다는 사도 바울의 비판에 대해서는 강한 거부감이 듭니다.

사도 바울은 로마서 1장에서 많은 죄악의 내용들을 열거하였습니다. "모든 불의, 추악, 탐욕, 악의가 가득한 자요 시기, 살인, 분쟁, 사기, 악독이 가득한 자요 수군수군하는 자요 비방하는 자요 하나님께서 미워하시는 자요 능욕하는 자요 교만한 자요 자랑하는 자요 악을 도모하는 자요 부모를 거역하는 자요 우매한 자요 배약하는 자요 무정한 자요 무자비한 자라"(롬 1:29-31).

누구나 부모님을 거역해보았을 것입니다. 뒤에서 쑥덕거려보지 않은 사람도 없습니다. 입만 열면 자기 자랑에 열을 올리는 사람들도 흔합니다. 우리가 일상에서 행하는 크고 작은 이 모든 일들은 잘못이라는 것을 인정합니다. 그런데 이에 대한 하나님의 판결을 들어보면 깜짝 놀랄 것입니다. "그들이 이 같은 일을 행하는 자는 사형에 해당한다고 하나님께서 정하심"(롬 1:32)이라. 무조건 사형이라는 것입니다. 우매해도 사형, 멍청해도 사형입니다. 무자비는 당연히 사형이고 무정해도 역시 사형입니다. 이렇게 정하신 분은 누구도 아닌 하나님이십니다.

이 말씀을 정리해보면 이런 것입니다. 온갖 소소한 잘못까지 다 죄로 규정하고는, 죄의 경중을 묻지도 따지지도 않고, 이에 대한 벌이 히틀러와 연쇄살인범과 동일하게 모두 사형이라는 선고하십니다. 그런데 사형을 면하고 천국까지 직행할 수 있는 길이 딱 하나 있습니다. 그것은 예수 그리스도를 믿는 일, 예수를 믿기만 하면 묻지도 따지지도 않고 무조건 천국행이라는 것입니다.

이에 대한 여러분의 생각은 어떻습니까? 그런데 이 교리는 하나님께서 정하신 절대 교리입니다. 이 교리의 실례를 예수님께서 친히 보여주셨습니다. 예수님이 십자가 처형을 당하실 때, 예수님 좌우편에서 강도 두 사람도 십자가 처형을 함께 받았습니다. 십자가형은 가장 흉악한 범죄자에게 내리는 가장 무서운 벌입니다. 그런데 동일한 흉악범으로 동일한 십자가형을 받은 두 사람의 태도는 전혀 달랐습니다.

한 강도가 예수님께 말합니다. "네가 그리스도가 아니냐? 너와 우리를 구원하라"(눅 23:39). 그러자 다른 편에 있던 강도가 그를 꾸짖습니다. "네가 동일한 정죄를 받고서도 하나님을 두려워하지 아니하느냐? 우리는 우리가 행한 일에 상당한 보응을 받는 것이니"(눅 23:40-41). 이어서 예수님께 말합니다. "예수여, 당신의 나라에 임하실 때에 나를 기억하소서"(눅 23:42). 그러자 예수님께서 그에게 말씀합니다. "내가 진실로 네게 이르노니 오늘 네가 나와 함께 낙원에 있으리라"(눅 23:43). 그리하여 그 흉악한 강도는 예수님의 약속에 의해서 천국에 들어간 최초의 사람이 됩니다.

이는 베드로나 사도 바울보다 빠른 것입니다. 아무리 그렇더라도 선뜻 받아들이기 힘듭니다. 이 논리대로라면, 아무리 선행을 많이 했다고 하더라도 예수님을 믿지 않으면 지옥에 가고, 무고한 시민을 17명이나 죽였더라도 예수를 믿었기에 천국에 간다는 것인데, 이런 하나님이라면 너무나 편파적이어서 조폭 두목만도 못해 보입니다.

이 절대 교리가 의미하는 것은 무엇일까요? 일단 잘 들어보십시오. 여호와 하나님은 무엇보다도 '사랑의 하나님'이십니다. 하나님의 사랑은 온 우주와 생명들을 덮고도 남습니다. 모든 피조물 중 인간들을 자녀로서 가장 사랑하십니다.

연쇄살인범을 포기하지 않은 두 사람

연쇄살인범 김대두를 세상 모든 사람들은 버렸지만 두 사람만은 버리지 않았습니다. 그의 어머니와 당시 변호를 맡았던 변호사의 부인입니다. 그 부인은 신실한 그리스도인입니다. 어머니와 그 부인은 김대두를 열심히 찾아갔습니다. 먼저 어머니의 입장에서 한번 생각해보십시오. 그 흉악한 범죄를 저지른 아들을 생각하면 마음이 무너집니다. 어머니로서의 마지막 소원은, 죄는 죄라고 할지라도 또 사형을 당할 때 당하더라도 그 아들이 외롭지 않기를, 또한 증오심을 버리고 평안한 마음으로 세상을 떠나는 것입니다. 다른 이유는 없습니다. 아들이기 때문입니다. 그게 어머니의 사랑입니다.

사랑하는 자녀가 늘 작은 거짓말을 한다고 합시다. 그 거짓말로 감옥에 가거나 손해나는 것은 없습니다. 그럼에도 부모는 그런 자녀에게 화를 내고 크게 상심합니다. 고쳐지지 않는다면 절망합니다. 그게 사랑입니다. 배우자를 속입니다. 그 일로 세상이 무너지지는 않습니다. 그러나 그로 인하여 내 마음이 완전히 무너질 수도 있습니다. 그게 사랑입니다.

자, 어떤 사람이 이렇게 말한다고 합시다. "당신 아들은, 수군수군하는 자요 비방하는 자요 하나님께서 미워하시는 자요 능욕하는 자요 교만한 자요 자랑하는 자요 악을 도모하는 자요 부모를 거역하는 자요 우매한 자요 배약하는 자요 무정한 자요 무자비한 자입니다." 그 말이 사실이라면 그 부모는 기절할 듯 놀랄 것입니다. 그런데 여기서 끝나지 않습니다. "그게 다가 아닙니다. 당신의 자녀는 모든 불의와 추악과 탐욕과 악의가 가득하며, 시기 살인 분쟁 사기 악독이 가득한 자입니다."

그 말이 사실이라면, 내가 이룩한 업적이 아무리 대단하다 하더라도 한꺼번에 무너져내리고 말 것입니다. 왜 그런가요? 이런 마음으로 사는 사람들은 끝내는 망한다는 것을 잘 알기 때문이며, 내가 사랑하는 사람은 절대로 망해서는 안 되기 때문입니다. 그게 바로 사랑입니다. "아프냐? 나도 아프다"입니다. 그게 사랑입니다.

율법으로는 죄를 깨달음이라

하나님께서, 왜 일상에서 행하는 소소한 것까지 죄로 규정하고 그 결과는 사형이라고 하시는지, 그 깊은 뜻을 알아야 합니다. 사도 바울이 말합니다. "율법으로는 죄를 깨달음이니라"(롬 3:20).

모세를 통하여 주신 율법의 용도에 대한 것입니다. 하나님께서 율법을 주시기 전에는 누구나 시기하고 분쟁하며 사는 줄 알았고, 손해를 입으면 앙갚음하는 것을 당연히 여겼습니다. 그런데 하나님의 율법을 듣고는 그런 것들이 죄인 줄 알게 되었습니다.

'죄'는 헬라어로 '하르마티아'입니다. 그 뜻은 '과녁에서 빗나가다'입니다. 과녁은 하나님의 뜻입니다. 내가 어디를 향하고 있는지를 보라는 것입니다. 하나님께서 율법을 주신 목적은 '정죄'가 아니라 죄에 대한 '깨달음'입니다. 그러나 하나님의 말씀을 거부합니다. 그러고는 나쁜 생각과 나쁜 마음을 포기하지 않고 언제나 지니고 있습니다. 그런 사람의 마지막은 파멸입니다. 그것이 '사형'이 의미하는 바입니다.

"너 죄를 범했지. 당장 죽어!"라는 것이 아닙니다. 나쁜 생각과 불의를 도모하는 가운데 서서히 파멸로 빠져듭니다. 설사 육신은 호의호식한다고 하더라도 이미 그 영혼은 죽었고 마음은 지옥 그 자체입니다. 그런데 지옥과 같은 마음에 너무 익숙해진 나머지 자신이 이미 지옥에 사는 줄도 모릅니다. 이것이 더 무서운 지옥입니다.

스캇 펙의 소설 《저 하늘에서도 이 땅에서처럼》에서는, 지옥을 죽어서도 재벌 놀음을 하는 수억만의 영혼들이 모여 있는 쓰레기통으로 묘사하였습니다. 그들은 영의 세계에서는 돈도 물질도 전혀 필요 없다는 사실을 인정하지 못하고 여전히 세상에서처럼 부를 통한 파워게임에 몰두합니다. 이런 일들은 모두 쓰레기 일이고 지옥 일이라는 것입니다.

생각해보십시오. 내 자녀가 아무리 많은 돈을 준다고 해도 돈독이 올라 불의한 일로 번 돈이라면 자녀에게 "가난해도 좋으니 제발 올바르게 살라"고 간청할 것입니다.

한 권사님의 아들이 죄를 짓고 감옥에 갔습니다. 그 권사님은 추운 겨울에도 냉방에서 주무셨고, 맛있는 음식도 거절했습니다. 무엇보다도 큰 고통은, 아들을 잘못 키웠다는 자책감이었습니다. 아들이 제대로 살 수만 있다면 아들 대신 감옥에도 기꺼이 갈 것입니다. 이 모두 사랑하기에 그렇게 하는 것입니다. 하나님의 사랑은 부모의 사랑을 능가하고도 남습니다.

사도 바울이 정말 중요한 말을 합니다. "이 예수를 하나님이 그의 피로써 믿음으로 말미암는 화목제물로 세우셨으니"(롬 3:25). 하나님께서 예수님을 대속제물로 내어주셨다는 것은, 죄 지은 아들 대신 어머니가 감옥에 가서 죗값을 치른다는 것입니다. 예수님은 곧 하나님이십니다. 그래서 몰트만은 《십자가에 달리신 하나님》이라는 책을 썼습니다. 우리가 주목해야 하는 구절은 "화목제물"입니다. 죄로 막힌 구원과 생명의 길, 하나님과 우리가 화목하게 되는 길을 하나님께서 열어주셨다는 것입니다.

하나님께서는 하나님의 자녀인 우리에게 자유의지를 주셨습니다. 그런데 우리는 그 자유의지로 온갖 죄를 짓고 삽니다. 하나님의 마음은 찢어집니다. 그러나 하나님께서는 애끓는 마음을 추스르며, 자유의지를 박탈하거나 세상을 폐쇄해버리는 대신 제3의 길을 택하고, 하나님께서 대신 우리의 죗값을 치러주고 우리가 그 길을 가도록 기다리십니다. 이것을 사도 바울은 "하나님께서 길이 참으시는 중에 전에 지은 죄를 간과"하셨다는 말로 바꾸었습니다. 이것은 전적으로 하나님께서 하신 일입니다. 이것을 사도 바울은 "자기의 의로우심을 나타내려 하심"이라는 말로 바꾸었습니다.

이 길은, 무능과 절망이 전공인 우리는 생각지도 못하는, 오직 전지전능하신 사랑의 하나님만이 여실 수 있는 길입니다. 이제 남은 일은 무엇입니까? 하나님께서 열어놓으신 그 길을 우리가 가는 것입니다. 그리스도인이란 그 길을 가는 사람들입니다. 그 길을 가는 사람들에게 사도 바울이 묻습니다. "그런즉 자랑할 데가 어디냐?"

그리고 스스로 답합니다. "있을 수가 없느니라"(롬 3:27). 참으로 당연합니다. 하나님께서 열어주셨고, 하나님께서 깨닫게 해주셨고, 하나님께서 가게 하셨는데, 누가 자랑할 수 있겠습니까? 그저 그 사랑에 감격하며 감사할 따름입니다.

그 변호사 부인이 열심히 김대두를 찾아간 이유도 바로 그것입니다. 구원의 길, 생명의 길을 가게 하신 하나님께 감사하여 그렇게 한 것입니다. 그러나 김대두는 그 부인이, 정신적 사치를 부리는 정신 나간 여자라며 화를 냈습니다. 그럼에도 부인은 계속 면회를 갔습니다. 얼마나 지났을까? 김대두가 처음으로 그 부인에게 한 말은 "왜 이러십니까?"였습니다. 마음의 문을 아주 조금 연 것입니다. 부인은 그 좁은 틈을 통해 열심히 하나님의 사랑을 전했고 마침내 흉악범은 자신의 잘못을 인정하고 하나님과 사람들에게 용서를 구하고 자신이 할 수 있는 마지막 일을 하고 떠났습니다. 마지막 그의 마음은 증오 대신 하나님의 평강으로 채워져 있었습니다.

되찾은 하나님 사랑

이러면 어떨까요? 누구처럼 인생의 끝에 깨닫지 말고, 지금 이 시간 어떤 실수와 허물을 용서하며 다시 기회를 주시는 하나님의 큰 사랑을 받아들여, 원망하지도 자책하지도 말고, 과거의 모든 아픔을 훌훌 털고 다시 시작해보는 것이 어떨까요? 이번에는 예수님의 생각과 방법과 자세로 해보는 것입니다. 예수님을 믿는다는 것은 그런 것이니까요.

하나님께서 친히 약속하십니다. "오직 여호와가 네게 영원한 빛이 되며 네 하나님이 네 영광이 되리니 … 네 슬픔의 날이 끝날 것임이라"(사 60:19-20). 하나님의 약속은 여기서 끝나지 않습니다. "그 작은 자가 천 명을 이루겠고 그 약한 자가 강국을 이룰 것이라. 때가 되면 나 여호와가 속히 이루리라"(사 60:22).

우리가 잃어버린 것은 하나님의 사랑입니다. 그 사랑을 깨닫고 그 사랑으로 우리가 열심히 살면, 어떤 흉악범이라도 용서하신다는 하나님의 절대 교리에 세상 사람들도 동의할 것입니다. 그리고 우리 삶은 예수님의 말씀대로 더욱 풍성해질 것입니다.

06

의인 그리고 그의 행복

롬 4:1-11

거저 받은 은혜에 대한 감사로

양화진에는 서양인 선교사 묘지가 있습니다. 우리나라에 기독교를 전하고 죽은 선교사와 그의 가족 141명이 묻혀 있는 곳입니다. 그 중에는 어린아이들도 있는데, 젊은 선교사의 어린 자녀들입니다. 묘지에 적혀 있는 글을 읽으며 생각해봅니다. 낯선 조선, 적대적인 환경에 복음을 전하기 위해 모든 것을 버리고 이곳까지 온 그들, 그러나 주님은 그들에게 아무런 특혜도 주지 않으셨습니다. 그런 것을 보면 하나님은 기도하면 무엇이든지 들어주시는 마음씨 좋은 할아버지가 아닙니다.

사도 바울이 다음과 같은 말을 합니다. "일한 것이 없이 하나님께 의로 여기심을 받는 사람의 복에 대하여 다윗이 말한 바 불법이 사함을 받고 죄가 가리어짐을 받는 사람들은 복이 있고 주께서 그 죄를 인정하지 아니하실 사람은 복이 있도다"(롬 4:6-8).

"너희는 일한 것도 없이 하나님께 의로 여기심을 받은 사람들이다"라는 말을, 사랑하는 배우자과 자녀들을 조선 땅에 묻어야 했던 그 선교사들이 들었다면 무슨 생각을 했을까요? 하나님을 믿게 되었다는 것 자체가 하나님의 둘도 없는 은혜임에도, 우리는 자꾸 내 믿음에 대한 보상을 떨쳐버릴 수가 없습니다. 보상이 없으면 섭섭하고 심지어는 화까지 내며 돌아서버리는 사람들도 있습니다. 선교사들로 하여금 그 모든 환란과 적대감과 슬픔과 불편을 감내하게 했던 것은, 믿음에 대한 보상도 아니고 천국행도 아니고, 결국 하나님의 은혜에 대한 감사와 보답이었습니다.

아무런 보상 없이도 행복한

아, 우리는 언제 철이 들어 하나님과의 동행만으로 감사하며 행복해할 수 있을까요? 겸손해질 수 있을까요? 이스라엘 백성들은 하나님의 택함을 받은 아브라함의 자손으로 할례를 받으면 자동적으로 하나님의 백성이 된다고 믿었습니다. 그들의 선민의식은 하늘을 찔러 할례를 받지 않은 이방인들을 모두 개로 여겼습니다.

그런데 예수님의 오시는 길을 열었던 세례 요한이 광야에서 바리새인들과 이스라엘 백성들에게 외칩니다. "독사의 자식들아 … 하나님이 능히 이 돌들로도 아브라함의 자손이 되게 하시리라"(눅 3:7-8). 이 말을 들은 이스라엘 사람들은 기절할 듯이 놀랐을 것입니다. 자신들의 존재 근거를 송두리째 엎어버리는 말이기 때문입니다. 세례 요한은 왜 이런 말을 하였을까요? 예수님께 집중하지 아니하고 교리와 제도의 껍데기만 남은 오늘날의 교회처럼, 여호와 하나님께 집중하지 아니하고 기복을 위한 율법과 할례에 몰두하다가, 자신도 갇히고 남도 가두는 단단한 껍데기만 남은 유대교의 회개를 촉구하기 위해서였습니다.

심리학자 허태균 씨가 《가끔은 제정신》이라는 책에서 말합니다. "한번 생긴 믿음은 깨지기가 무척 어렵다." 맞는 말입니다. 새로운 믿음이 생기기 위해서는 과거의 나는 반드시 죽어야 합니다. 예수님께서 이 땅에 오신 이유는, 잘못된 믿음을 깨뜨리기 위함입니다. 하나님을 잘 섬기는 길은 율법을 지키는 일이고, 그렇게 해야 하나님의 눈에 들어 복을 받는다는, 잘못된 믿음을 깨뜨리기 위해서 오셨습니다. 그러나 종교지도자들과 바리새인들은 자신들의 잘못된 믿음을 고수하였고, 오히려 하나님이신 예수님을 십자가에 못 박아버렸습니다.

하나님의 깊은 사랑을 전혀 이해하지 않고, 하나님의 말씀을 생명이 없는 법칙으로 만드는 행태는 예나 지금이나 다를 바 없습니다. 예수님께서 니고데모에게 이런 말씀을 하셨습니다. "진실로 진실로 네게 이르노니 사람이 물과 성령으로 나지 아니하면 하나님의 나라에 들어갈 수 없느니라"(요 3:5). 이 말씀을 오늘날 교회는 물세례와 성령세례를 받아야 천국에 가는 것으로 가르칩니다. 그래서 목사가 베푸는 세례를 받고, 성령의 은사인 방언을 받으면 구원이 종결되는 것으로 생각합니다. 물세례는 받았으나 방언을 못하면 구원을 못 받은 것이기에 방언을 받기 위해 몸부림칩니다. 그래도 받지 못하면 하나님께서 자신을 버린 것으로 믿어 초조해하고 좌절합니다.

아브라함의 구원

사도 바울이 할례에 대해서 길게 논증하는 일차적인 이유는, 구원의 본질이 외형적인 표식이나 행위에 있는 것이 아니라, 마음의 중심에 있는 것임을 밝히기 위해서입니다. 사도 바울은 먼저 누구나 다 아는 아브라함을 거론합니다. "너의 고향과 친척과 아버지의 집을 떠나 내가 네게 보여줄 땅으로 가라. 내가 너로 큰 민족을 이루고 네게 복을 주어 네 이름을 창대하게 하리니 너는 복이 될지라"(창 12:1-2)는 하나님의 말씀을 듣고 아브라함은 아내와 함께 여정에 오릅니다. 아브라함의 나이 75세였습니다.

그의 여정은 험난하기 짝이 없었습니다. 요즘도 위험한 중동지역인데, 당시는 약자나 이방인을 보호하는 법도 없었고, 아브라함을 보호해줄 이는 단 한 사람도 없었습니다. 유일하게 믿을 존재는 오직 하나님뿐이었습니다. 단 한순간도 긴장을 늦출 수 없는 하루하루를 장장 10년이나 보냈습니다. 10년 동안 하나님께서는 아브라함에게 몇 번이나 나타나셨을까요? 딱 한 번 나타나셨는데, 조카 롯이 소돔 땅으로 떠나고 홀로 남은 아브라함을 위로하기 위해서였습니다.

여러분이라면 어땠을까요? 한번 머릿속으로 그려보십시오. 원래 아브라함의 가족들은 메소포타미아의 하란 땅에서, 당시는 누구나 그랬듯이 대대로 우상을 숭배하며 살았습니다. 더군다나 아브라함의 아버지 데라는 우상을 만드는 사람이었고, 우상은 아브라함에게 너무나 익숙한 것입니다. 고향과 친척과 아버지의 집을 떠나 낯선 곳으로 가는데, 가는 곳마다 화려한 신전과 신상들이 즐비합니다. 목숨이 오락가락하는 위험의 와중에 하나님은 나타나지 않으시고 하나님의 약속은 실현될 기미조차 전혀 보이지 않습니다. 하나님은 꿈에서도 잘 나타나지 않으십니다. 그렇게 10년이 흘렀습니다.

아마 다른 사람들은 분명 우상숭배로 돌아섰을 것입니다. 그러다 드디어 하나님께서 아브라함에게 나타나 말씀하십니다. "아브람아, 두려워하지 말라. 나는 네 방패요 너의 지극히 큰 상급이니라" (창 15:1). 그러자 아브라함은 "주 여호와여, 무엇을 내게 주시려 하나이까?" 하고 여쭈었습니다. 이를 보면 아브라함은 어리석을 정도로 무던한 사람입니다. 하나님께서 말씀하십니다. "네 몸에서 날 자가 네 상속자가 되리라." 현재 아브라함의 나이는 85세, 사라의 나이는 75세로, 실현 가능성이 전혀 없는 말씀입니다.

그런데 하나님께서는 한술을 더 뜨십니다. 아브라함을 데리고 밖으로 나가셨습니다. 한밤중 투명한 하늘에는 수많은 별들이 떠 있었습니다. 하나님께서 말씀하십니다. "하늘을 우러러 뭇별을 셀 수 있나 보라. … 네 자손이 이와 같으리라"(창 15:5). 아직 자식이 생기기도 전인데 그렇게 말씀하시는 하나님을 우리라면 어떻게 생각했을까요? 성경은 이렇게 기록하고 있습니다. "아브람이 여호와를 믿으니 여호와께서 이를 그의 의로 여기시고"(창 15:6).

그동안 아브라함은 실수도 많았습니다. 아내 사라를 이집트 파라오에게 넘긴 일, 살기 위해서 거짓말한 일, 하나님의 약속을 자신의 힘으로 이뤄보겠다고 하갈을 첩으로 들인 일 등 허다합니다. 그런데 아브라함은 딱 하나 잘한 일이 있습니다. 불가능한 중에서도 줄기차게 하나님의 약속을 믿었다는 것입니다. 그러나 그 약속이 실현되기 위해서는 15년을 더 기다려야 했습니다. 100세가 되어서야 이삭을 얻었습니다. 그리고 아브라함이 하나님의 명령에 따라 자신과 집안 남자들에게 비로소 할례를 행한 나이가 99세입니다.

사도 바울이 묻습니다. "그런즉 그것이 어떻게 여겨졌느냐? 할례시냐, 무할례시냐"(롬 4:10). 그리고 대답합니다. "할례시가 아니요, 무할례시니라." 그러니까 할례를 받지 않았을 때에도 하나님의 구원은 아브라함에게 이뤄졌고, 그는 하나님의 자녀였습니다. 그러면서 사도 바울은 중요한 사실을 일깨웁니다. "그가 할례의 표를 받은 것은 무할례시에 믿음으로 된 의를 인친 것이니"(롬 4:11).

'인쳤다'는 것은 도장을 찍었다는 말입니다. 즉 할례를 받아야 구원을 받는 것이 아니라, 할례는 단지 믿음에 대한 외형적인 표식이라는 것입니다.

결혼에서 가장 중요한 것은 두 사람의 사랑입니다. 결혼식은 두 사람의 결합을 사람들 앞에서 선언하는 것입니다. 할례나 세례도 마찬가지입니다. 하나님에 대한 믿음을 할례나 세례의 형식을 통하여 만인 앞에서 공포하여 그 믿음을 더욱 공고히 하는 것, 그것이 '믿음으로 된 의에 인을 치는 것'입니다.

족쇄가 되어버린 종교적 의무

가톨릭에서는 일 년에 최소한 두 번은 신부를 찾아가 고해성사를 해야 합니다. 죽을 때에도 신부의 입회 아래 종부성사를 하지 않으면 죽은 영혼이 안식을 누리지 못한다고 합니다. 이 같은 종교 의무가 가톨릭에만 있는 것이 아닙니다. 오직 믿음으로만 구원에 이른다는 개신교에도 전도, 봉사 외 일천번제, 속죄헌금 등 종교 의무가 점점 많아져 가뜩이나 지친 교인들의 족쇄가 되고 있습니다. 그래서는 안 됩니다.

아브라함 헤셸이 중요한 말을 하였습니다. "종교가 법칙이나 교리로 또한 준행하지 않는 사람에 대한 징벌로 군림할 경우, 그 종교는 인간의 영혼을, 고양시키는 것이 아니라 능욕한다. 종교는 마땅히 영혼의 불이 거룩하게 타오르는 제단이어야 한다."

하나님께서 성경을 주신 이유는, 무턱대고 되풀이하라는 것이 아니라, 이해하고 행하라는 것입니다. 관습으로 동결시키라는 것이 아니라, 하나의 사건으로 경험하라는 것입니다. 우리 영혼의 지평을 넓히고, 삶의 수수께끼와 씨름하는 일에 하나님의 임재와 개입과 사랑을 경험하라는 것입니다. 한 집사님이 '할라카(형식)'와 '아가다(의미)'의 개념을 정확히 이해하면서 다음과 같은 말을 했습니다. "하나님을 가장 사랑하며 일상의 삶에서 성실히 살아가는 것이 신앙생활이라는 것을 알게 되었습니다."

'거룩'은 영어로 holy입니다. 장엄하고 엄숙하고 크고 장대하여 범접하지 못하는 것을 의미합니다. holy는 헬라어 '하기오스'에서 파생되었는데, 그리스 신전에서 쓰는 용어입니다. 반면 '거룩'을 의미하는 히브리어 '카도시'의 뜻은, '구별되다' '밝고 따뜻하고 새로워지다'입니다. '제사'는 영어로 sacrifice입니다. 희생하고 피를 흘리고 뭔가를 신에게 바치는 것을 의미합니다. 이 또한 헬라어 '투시아'에서 유래한 것으로 그리스 신전에서 사용한 단어입니다. '제사'를 의미하는 히브리어 '코르반'의 뜻은 '가까워지다' '친밀해지다' 입니다. 깊이 생각해보아야 합니다.

하나님의 구원을 세계로 확산시키기 위해 사도 바울은 당시 만국공용어인 헬라어를 차용하여 복음을 설명하였습니다. 그렇다고 해서 기독교의 본질을 훼손해서는 안 됩니다. 엄숙하고 장엄한 종교의 분위기에 압도되어 벌벌 떨며 정성스런 희생의 예물을 갖다 바쳐야 제대로 신앙생활을 하는 것이라 생각하는 것은 헬라의 이방제사에서 유래한 잘못된 것입니다.

사랑하는 하나님 아버지를 만나 그분과 더욱 가까워지고 친밀해지고, 그분의 임재와 사랑으로, 더욱 밝고 따듯하고 새로워지는 것이 진정한 기독교의 모습입니다. 이것이 예수님께서 말씀하신 물과 성령으로 거듭난다는 것의 참뜻입니다.

하나님의 은혜가 아닌 것이 없다

2차 세계대전 당시 죽음의 수용소 아우슈비츠에 갇혀 지내면서도 일기 쓰기를 잊지 않았던 에티 힐레숨이라는 젊은 여성은 〈누구도 방해할 수 없는 하나님과의 대화〉라는 글을 남겼습니다.

가끔 수용소 한 모퉁이에 서서 두 다리로 주님의 땅을 딛고 눈을 들어 하늘나라를 우러러보면 눈물이 뺨을 타고 흘러내립니다. 하나님에 대한 깊은 감동과 감사의 눈물입니다. 그렇다고 두려움을 모르는 것이 아닙니다. 그러나 공포 속으로 들어가고 싶은 마음이 듭니다. 거기서도 여전히 삶은 아름답다고 말하겠습니다. 나는 수용소의 한 구석에 누워 있습니다. 바싹 말라 뼈만 남았습니다. 현기증이 나고 열이 올라서 아무것도 할 수 없습니다. 하지만 내 곁에는 꽃 화분이 있고 창문 너머로는 한 조각 하늘이 보입니다.

힐레숨은 다음과 같이 글을 맺습니다. "하나님과 동행하기 시작했으면 언제나 그분과 더불어 걸어가야 합니다. 삶이란 긴 산책과 같습니다. 얼마나 놀라운 일인지 모릅니다." 성공과 보상에 대한 강박감을 버리면 제정신이 듭니다.

포이에마예수교회가 예배당을 짓지 않고 헌금의 50퍼센트를 가난한 이웃을 위해 사용하기로 한 것은, 학교 강당에 모여 하나님의 말씀을 듣고 예배를 드리는 것으로, 주변의 소외된 이웃을 돕는 것으로, 더딜지라도 봄이 오는 것만큼이나 하나님께 충분한 보상이 되리라 믿기 때문입니다.

시편기자가 노래합니다. "내 눈을 열어서 주의 율법에서 놀라운 것을 보게 하소서"(시 119:18).

하나님의 은혜가 아닌 것이 무엇입니까?

07

소망이 내게 있기에

롬 5:1-8

코끼리 사람, 존 메릭

1884년 어느 저녁, 런던 병원의 외과의사 프레드릭 트리브스는 거리를 거닐다가 유랑극단의 간판을 보았습니다. 그 간판에는 인간이라고 할 수 없는 흉측한 모습이 그려져 있고, '코끼리 사람'이라고 적혀 있었습니다. 호기심이 발동한 그는 입장료 1실링을 내고 안으로 들어갔습니다. 담요를 뒤집어쓴 커다란 한 생물이 웅크리고 있었습니다. 흥행사는 그 생물에게 소리쳤습니다. "일어섯!" 그러자 그 생물은 일어섰고 그 모습을 본 순간, "어떻게 저럴 수가!"

경악의 외마디가 그의 입에서 터져나왔습니다.

머리둘레는 허리둘레 같았고, 이마에는 덩어리 모양의 뼈가 기형적으로 튀어나왔고, 울퉁불퉁한 엄청난 양의 살이 용암처럼 흘러 코와 입, 그것도 모자라 가슴과 겨드랑이까지 주걱처럼 덮고 있었습니다. 오른팔은 정상인의 두 배 길이인데 손가락들은 짧아 쓸모가 없고, 엄청난 굵기의 기형 다리로는 의자를 의지해야 겨우 서 있을 수 있었습니다.

역겨움보다는 의사로서의 호기심이 발동한 트리브스 박사는 그를 병원으로 데려와 진찰을 하고, 대화를 시도해보았지만 기형적인 입 모양과 덮여 있는 살 때문에 웅얼거리는 소리밖에 들을 수 없었습니다. 백치라고 판단한 그는 사진과 함께 자세한 기록을 남기고는 자신의 명함을 주어 유랑극단으로 돌려보냈습니다. 그리고 그 일을 잊었습니다.

그런데 2년 후, 트리브스 박사는 경찰에게 연락을 받고 경찰서로 갔습니다. 경찰서 한쪽 구석에는 알아들을 수 없는 소리로 웅얼거리는 그 코끼리 사람이 웅크리고 있었고, 왼손에는 자신이 준 명함이 쥐어져 있었습니다. 코끼리 사람, 그의 이름은 존 메릭John Merrick이었습니다. 그의 병명은 다발성 신경섬유종증으로, 살과 뼈가 끝없이 자라는 병입니다. 그 때문에 기형적인 모습이 된 것이었습니다. 4세 때 부모에게 버려지고, 14세 때 유랑극단에 팔려간 그는, 트리브스 박사를 처음 만났을 때 21세였습니다. 그나마 밥을 먹어

주던 유랑극단이 그를 버린 것은 그가 23세 때였습니다.

박사의 배려로 병원 다락방에서 살게 된 존 메릭은 시행착오 끝에 트리브스 박사와 의사소통이 가능하게 되었습니다. 존 메릭은 백치가 아니었습니다. 읽고 쓸 줄 아는, 책이라면 모두 읽어버리는 대단한 독서가였습니다.

트리브스 박사의 존 메릭에 대한 기록입니다. "그가 겪어온 삶의 여정은 '비아 돌로로사'였고 힘겨운 오르막이었다. 그러나 나는 그가 불평하는 소리를 들은 적이 없다. 단 한 번도 자신의 비참한 삶을 한탄하거나, 그 무자비한 흥행사와 사람에게 받은 학대에 대해 분개하는 말을 들은 적이 없다. 그는 누구에게도 앙심을 품거나 나쁜 말을 하지 않는, 부드럽고 다정하고 사랑스러운 사람이었다. 고난이 그를 고상하게 만들었다."

동물보다 더 큰 학대와 착취를 당하고, 즐거운 기억은 단 하나도 없는 메릭이 그처럼 따뜻한 성품을 지닌 것이, 트리브스 박사에게는 무척이나 신비롭고 감동스러웠습니다. 그를 더 넓은 세계로 인도하고 싶었습니다. 그래서 친구 중 젊고 아름다운 여성을 설득하여 메릭에게 다정하게 인사를 하고 악수를 청하게 했습니다. 그 일은 전혀 예상치 못한 결과를 낳았습니다. 메릭은 여성과의 평생 처음 한 악수를 끝낸 뒤 무릎을 꿇고 고개를 숙여 오랫동안 흐느껴 울었습니다. 자신을 사람으로 대해주고 손까지 잡아준 그 여성에게 무한한 감사를 올렸습니다.

그 이후로 메릭은 달라지기 시작했습니다. 트리브스 박사의 도움으로 난생 처음으로 교회당에서 예배드리고 성찬도 받고 오페라도 관람하였습니다. 그 일들이 세상에 알려지자 영국 여왕을 포함한 많은 사람들이 그를 찾아와 위로하였습니다. 이후 메릭은 작은 교회가 내려다보이는 시골의 오두막에서 자연과 벗하며 살았습니다. 작은 새소리에도, 떠가는 조각구름에도, 폭풍우 치는 날에도, 졸졸 흐르는 시냇물을 보고도, 그는 웅얼거리며 말했습니다. "정말 감사하고 행복합니다."

메릭은 온전한 왼손으로 골판지와 색종이로 뭔가를 열심히 만들었습니다. 내려다보이는 작은 교회의 모형이었습니다. 아주 정교했습니다. 그는 그 교회를 "진흙에서 위로 날아오르는 은혜의 모형"이라 불렀습니다. 교회는 이 땅에 세워진 하나님나라여서, 바라보는 것만으로도 하나님의 임재를 충만하게 느꼈기 때문입니다. 그렇게 평생 처음으로 행복을 맛보며 살다가 27세의 나이로 조용히 숨을 거두었습니다.

존 메릭이 환상 속에서 살다갔다고 말해서는 안 됩니다. 겉으로는 그럭저럭 봐줄 만한 이 세상과 사람들의 그 속내를 알고 보면, 메릭의 겉모습처럼 역겨운 일과 경악할 일들도 가득합니다. 신앙에 대한 주옥 같은 글을 쓴 C. S. 루이스는, 자신의 속내를 흘러가는 대로 솔직하게 쓰고 이름을 밝히지 않는다면, 그 글을 읽은 사람들이 자신을 괴물이라고 할 것이라 말했습니다. 사실입니다. 겉으로는 아름답고 우아하지만 속은 복잡하고 어지럽습니다. 메릭과는 정반대입니다. 필립 얀시는, 그리스도인이란 눈에 보이는 육적 세계와 눈으로 볼 수 없는 영적 세계를 오가는 양서류라고 하였습니다. 절묘한 표현입니다.

영원한 세계를 안다면

하나님을 알기 전에는 눈에 보이는 세계만이 전부인 줄 알았습니다. 그래서 눈으로 보기에 좋은 것을 쫓아갔습니다. 그러나 잡을 수 없습니다. 그래서 실망하고 원망하고 절망합니다. 서로에게 요구하고, 또 서로 가지려고 싸웁니다. 상처를 줍니다. 설령 잡았다고 하더라도 내가 가진 것보다 더 좋은 것이 많습니다. 시기하고 질투합니다. 한 번도 만난 적이 없는데도 비판하고 깎아내립니다. 서로 원수가 됩니다. 설령 하나님을 알았다고 해도 하나님을 이용하여 좋은 것을 더 많이 가지려고 합니다. 이런 사람들은 참 그리스도인이 아닙니다. 여전히 눈에 보이는 세계만을 믿기 때문입니다.

3세기의 교부 크리소스토무스는 이렇게 한탄하였습니다. "우리는 그들보다 더 부를 숭배한다. 우리는 그들과 똑같이 죽음을 두려워하고, 가난을 끔찍해하고, 질병을 못 견뎌 하고, 영광을 얻고자 하고, 남을 지배하길 좋아한다. 그러면서 어떻게 그들에게 예수님을 전할 수 있겠는가?"

하나님께서는 우리가 영원한 세계가 있음을 알기를 간절히 원하십니다. 이유는 단 하나, 우리는 하나님의 누구보다 사랑하는 자녀들이기 때문입니다. 왜 하나님께서는 우리가 지은 그 어떤 죄와 허물도 용서하실까요? 어린 시절을 생각해보십시오. 잘못을 저지르고는 혼이 날까 봐 집으로 들어가지 못하고 밖에서 서성입니다. 부모에게 야단을 맞았다고 가출합니다. 집나간 자녀를 찾는 부모의 신문 광고는 언제나 동일합니다. "모든 것을 용서한다. 제발 집으로 돌아오라."

그래서 로마서 4장에서 "불법이 사함을 받고 죄가 가리워짐을 받는 사람들은 복이 있고 주께서 그 죄를 인정하지 아니하실 사람은 복이 있도다 함과 같으니라"(롬 4:7-8)고 강조하였습니다. 돌아갈 영원한 집, 우리 아버지가 애타게 기다리시는 집이 있음을 알면 사는 방식이 달라집니다.

물속에서만 살던 올챙이가 개구리가 되어 뭍으로 올라옵니다. 전혀 다른 세상입니다. 개구리는 당연히 올챙이와는 전혀 다른 방식으로 살아갑니다. 개구리가 왠지 싫습니까? 그렇다면 나비는 어떻습니까? 꿈틀꿈틀 기는 징그러운 애벌레가 고치가 되고 고치를 뚫고 아름다운 나비가 되어 날아오릅니다.

이것을 사도 바울은 이렇게 말합니다. "그[예수 그리스도]로 말미암아 우리가 믿음으로 서 있는 이 은혜에 들어감을 얻었으며 하나님의 영광을 바라고 즐거워하느니라"(롬 5:2). 영적 세계를 본 그리스도인들은 그 가치관도 당연히 달라집니다. 아름다움과 부와 재능은 더 이상 삶의 목표가 아닙니다. 이미 주어진 하나님의 선물에 감사하며 그것을 더욱 계발하여 하나님의 자녀답게 되는 데, 하나님 아버지께 영광을 돌리는 일에, 이웃을 살리는 일에 아낌없이 사용합니다. 당연히 더 큰 선물이 주어집니다. 아름다움은 내면의 아름다움으로, 재능은 죽은 것도 살리는 능력으로 바뀌고, 부와 명예는 덤으로 주어집니다. 환난과 고난을 보는 눈도 달라집니다. 환난은 한사코 피해야 하는 것이었습니다. 그러나 이제는 아닙니다.

고난, 나비가 되는 과정

17세기 영국이 대역병과 화제와 내란으로 인구의 3분의 1이 죽는 극도의 혼란의 때, 70대의 노구로 2년 동안 감옥살이를 하면서도 리처드 백스터는《성도의 영원한 안식》이라는 불후의 명작을 남겼습니다. 그 책에는 단 한 구절의 의문도, 불평도, 원망도 적혀 있지 않습니다. 하나님과의 영원한 안식을 우리의 최종목표로 정하게 되면, 고난은 눈에 보이는 세계가 우리의 안식처로 착각하지 않도록 막아준다고 말합니다. 사도 바울이 말합니다. "환난은 인내를, 인내는 연단을, 연단은 소망을 이루는 줄 앎이로다"(롬 5:3-4).

값진 것입니다.

노력과 훈련 없이 이뤄지는 것이 도대체 무엇입니까?

“사람이 무엇으로 심든지 그대로 거두게”(갈 6:7) 마련인 하나님께서 정하신 ‘신성한 삶의 법칙’을, 행위가 아닌 믿음으로 온전해진다는 교리로 밀어버리고는, 종교행위에 몰두하면 기적적으로 나아지리라는 ‘맹목의 어리석음’으로 대체해버렸습니다. 그 결과, 생각이 멈춰버린 단답형의 예수쟁이들이 양산됐습니다. 예수님은 이 땅에서 죽고, 이 땅에서 다시 살아나셨습니다. 꿈틀꿈틀 땅을 기는 송충이로 살아서는 안 된다는 것입니다. 그런데 나비로 날 생각은 하지 않고, 하나님께 치성 드려 크고 힘이 센 송충이만 되기를 소원합니다. 크고 힘이 센 송충이는 기괴할 뿐입니다.

어려움 가운데 있습니까? 이제 나비가 되려는 것입니다. 고난은, 우리를 날게 하시기 위한 하나님의 사랑의 조치입니다. 답답한 고치 속에서 혹독한 겨울을 이겨내듯, 인내와 연단을 이루기로 합시다. 이겨내야 아름다운 나비가 된다는 소망을 절대로 버리지 마십시오.

사도 바울이 “소망은 우리를 부끄럽게 하지 아니”한다(롬 5:5)고 말합니다. 소망은 나비의 꿈을 꾸는 사람들을 절대로 실망시키지 않습니다. 징그러운 애벌레에는 아름다운 나비의 어떤 징후도 없습니다. 현재의 내가 아무리 비천하고 초라해도 내 안에는 이미 하나님 자녀로서의 존귀함이 내재되어 있음을 잊어서는 안 됩니다.

껍질을 벗는 아픔을 기꺼이 감내하면 나는 당당한 하나님의 자녀로 얼마든지 거듭날 수 있습니다. 진정한 그리스도인들은 땅에서 살지만 하늘을 나는 나비들입니다.

욥이 고난 가운데 외칩니다. "내가 가는 길을 그가 아시나니 그가 나를 단련하신 후에는 내가 순금같이 되어 나오리라"(욥 23:10).

스캇 펙의 소설 《저 하늘에서도 이 땅에서처럼》의 맨 마지막 장면은 하늘에서 열리는 '천상회의'입니다. 지구의 모든 난제와 고통을 담당한 최고의 영이 무대 중앙에 나와 아리아를 부릅니다. 그 노래가 회의장에 울려 퍼집니다. 짧은 몇 분의 노래에 지구의 모든 문제와 아픔이 담겨 있습니다. 다음 단계의 영들은, 놀랍게도 그 짧은 노래에 담긴 갖가지 문제와 아픔을 알아듣고 자신들의 할 일을 바로 깨닫습니다. 이어서 다음 단계의 영들과 교통합니다. 그러면 다음 단계의 영들은 좀 더 작게 자신의 할 일이 무엇인지 알게 됩니다. 다음 단계의 영들은 더욱 더 작게, 그렇게 한 단계씩 내려가면서 자신의 할 일들이 구체적으로 분화됩니다.

맨 끝에 있던 주인공 다니엘도 천상회의에서 진행되는 전 과정을 이해하였습니다. 하나님의 거룩한 뜻과 무한한 사랑이 하나님의 영들에게 '아무런 막힘없이' 전달되는 것이 한눈에 보였습니다. 그에게 한 영이 다가와 말했습니다. "당신은 저와 함께 가면 됩니다." 도저히 해결할 방법이 없다고 믿었던 그 엄청난 난제들을 해결하는 일에 다니엘도 합류하게 된 것입니다.

"그렇게 천국에서의 도제 수업이 시작되었다"라는 문장으로 끝나는 책의 번역을 마치며 저도 모르게 눈물이 주르륵 흘러내렸습니다. 번역을 마쳤기 때문이 아닙니다. 그 수많은 영들이 하나님으로부터 내려오는 사랑의 메시지를 각자의 수준에서 가감 없이 알아듣는 그런 세계가 있다는 감동과, 하나님께서 문제 많은 나를 이 땅에서 그 일에 동참하라고 부르신다는 것에 대한 감사의 눈물이었습니다.

그리스도인이란, 이 땅에서 하나님의 사랑을 깨닫고 그 일에 동참하는 사람들입니다. 이 자체가 우리에게 주어진 최고의 선물입니다.

프란체스코 수사들의 기도문 중 일부입니다. "하나님께서 어리석음의 복을 주사, 우리가 세상을 바꿀 수 있다고 믿게 하옵소서. 그리하여 불가능하다고 생각하는 일을 행함으로써 모든 아이들과 가난한 이들에게 정의와 사랑을 가져다줄 수 있기를 기도합니다."

성경은 태초부터 모든 사람들에게 주시는 그분의 사랑이 담긴 메시지입니다. 애벌레로 이 땅을 기지 말고, 누구보다 크고 빠른 힘센 애벌레가 되게 해달라고 떼쓰지 말라는, 아름다운 나비로 살라는, 이 아름답고 넉넉한 우리가 메릭의 고상한 영혼을 가지고 살라는 것입니다. 그 사랑의 메시지를 알아들어야겠습니다.

08

인생은 아름다워

롬 5:12-17

경계를 넘어

난 그저 어부였습니다. 생계를 잇기 위해 바닷바람과 싸우며 배를 몰았습니다. 남들이 하찮은 일이라고 할지 몰라도 난 자랑할 일이 많습니다. 내 손으로 집을 지었고 아내와 함께 따뜻한 가정을 이루었습니다. 바닷가재잡이 수십 년 '바닷가재 왕'이란 별명도 얻었습니다. 그런데 내 나이 90세가 될 때까지 주변에 말 못한 것이 하나 있습니다. 때때로 이 일 때문에 밤마다 홀로 눈물짓곤 했습니다.

이 글은 98세의 제임스 아루다 헨리가 쓴 《어부의 언어》라는 책의 서두입니다. 누구보다 성실히 살았던 제임스 할아버지가 남몰래 눈물 흘리며 숨겨야 했던 비밀은 무엇일까요? 그것은 제임스 할아버지가 문맹이라는 것입니다. 식당의 메뉴판을 읽지 못해 다른 사람의 음식을 보고 같은 것을 달라고 했고, 때로는 다른 사람의 도움을 요청하기 싫어서 굶기도 하였습니다. 제임스 할아버지가 문맹인 이유는, 미국으로 이민 온 10세 때부터 생계를 위해 일해야 했기 때문입니다.

그렇게 가슴시린 아픔을 안고 죽음을 기다리던 91세의 어느 날, 손녀가 《인생은 아름다워》라는 책의 내용을 들려주었는데, 그것은 98세의 조지 도슨 할아버지의 문맹탈출기였습니다. '그가 할 수 있었다면 나도 할 수 있겠다'고 생각한 제임스 할아버지는 글을 배우기 시작하였습니다. 결코 쉽지 않았습니다. 울기도 많이 울었습니다. 그러나 이겨냈습니다. 그리고 7년 후, 에세이를 출간하기에 이르렀고 이 책은 특히 미국 어린이들에게 큰 인기를 끌고 있습니다.

세상에는 수많은 경계선이 있습니다. 그 경계선의 이쪽과 저쪽은 전혀 다른 세상, 차원이 다른 세상입니다. 글도 굉장히 중요한 경계 중에 하나입니다. 글을 읽고 쓸 줄 안다는 것은 경계를 넘어 새로운 세계로 들어서는 것입니다. 그런데 안타깝게도 너무나 많은 사람들이 경계선을 넘을 생각을 하지 않거나 경계선을 넘고도 그 가치를 모른 채 무의미하게 살아갑니다.

'철조망병'이라는 정신병이 있습니다. 2차 세계대전 때 많은 사람들이 포로로 잡혀 오랫동안 철조망 안에서 살아야 했습니다. 그런데 전쟁이 끝나고 철조망이 걷혔는데도 많은 사람들이 철조망 밖으로 나올 생각을 하지 못했습니다. 그래서 붙여진 병명입니다. 오늘날에도 마찬가지입니다. 돈·권력·탐욕의 철조망에 갇힌 사람, 종교 교리나 이념의 철조망에 갇힌 사람, 아집과 증오의 철조망에 갇힌 사람 등 모두 다 저마다의 철조망에 갇혀 살고 있습니다. 정도가 각각 다를 뿐 그 병에 걸리지 않은 사람을 찾기가 힘들 정도입니다.

대부분의 사람들이 글을 읽고 쓸 줄 알지만 그것이 얼마나 가치 있는 것인 줄 모르고 책을 읽지도 않고 일기조차도 쓰지 않습니다. 제임스 할아버지의 훌륭한 점은 91세의 나이에 문맹이라는 철조망을 넘었고, 곧바로 저술의 새로운 세계로 들어갔다는 것입니다.

죄로 말미암아 사망이 들어왔나니

사도 바울이 원죄에 대해서 말합니다. "한 사람으로 말미암아 죄가 세상에 들어오고 죄로 말미암아 사망이 들어왔나니 이와 같이 모든 사람이 죄를 지었으므로 사망이 모든 사람에게 이르렀느니라.…그러나 아담으로부터 모세까지 아담의 범죄와 같은 죄를 짓지 아니한 자들까지도 사망이 왕 노릇하였나니"(롬 5:12, 14).

최초의 사람인 아담이 지은 죄가 원죄가 되어 우리 모두를 포함한 전 인류에 퍼졌고, 그로 인하여 모든 사람들이 죽게 되었다는 것입니다. 더구나 아담의 범죄와 같은 죄를 짓지 않고도 사망이 왕 노릇하게 되었다는 것입니다. 이 말을 잘 생각해보십시오. 사실 자다가도 벌떡 일어날 억울한 일입니다.

아내가 엄한 소리를 해도 남편이 억울해합니다. 그런데 아담이라는 사람이 진짜 있었는지도 모르는데, 더구나 얼굴도 본 적 없는 다른 나라 사람이 까마득한 옛날에 지은 죄를, 21세기를 사는 내가 뒤집어써야 한다는 것은 말도 안 되는 억지소리가 아닐 수 없습니다. 어떤 신학자들은, 이 원죄 교리를 '대표성의 원리'로 설명하기도 하지만 별 설득력이 없는 이론입니다.

그런데 잠시 생각해봅시다. 죄와 허물에서 자유로운 사람은 단 한 사람도 없습니다. 죄를 저질러놓고 사람들은 불안해하며 은폐하려고 합니다. 처벌이 두려워 그런 것만은 아닙니다. 물론 죄를 짓고도 뻔뻔한 사람들도 많지만, 이런 사람들은 구원에서 멀리 떨어져 있는 불쌍한 사람들입니다. 사람들을 억울하게 하려는 것이 아니라, 죄로 인해 불안해하는 인간의 공통된 현상을 사도 바울은 원죄 때문이라고 설명한 것입니다.

눈여겨봐야 하는 구절이 있습니다. "죄가 율법 있기 전에도 세상에 있었으나 율법이 없었을 때에는 죄를 죄로 여기지 아니하였느니라"(롬 5:13). 살인이나 도둑질과 같은 것은 누구나 죄로 인정합니다. 그러나 하나님을 믿지 않거나 우상을 숭배하는 일은 십계명이 있기 전에는 죄로 인정하지 않았습니다. 그런데 십계명이 주어지고 난 뒤 가장 큰 죄가 되었고, 예수님께서 몸과 마음과 정성을 다해 하나님을 사랑하고 이웃을 내 몸과 같이 사랑하라고 하신 이후에는, 그렇게 하지 않은 사람들은 모두 죄를 짓는 것이 되었습니다.

그렇게 되면서 대단히 심각한 문제가 일어났습니다. 하나님이나 예수님이 입을 여실 때마다 죄의 항목이 점점 더 늘어나 죄가 아닌 것이 별로 없게 된 것입니다. 이것은 죄를 양산하는 율법의 나쁜 기능이며 따라서 기독교는 모든 사람을 죄인으로 만드는 대단히 나쁜 종교입니다. 하지만 마음을 가라앉히고 하나님께서 왜 그리하셨는지 곰곰이 생각해봅시다.

문맹이나 철조망병은 죄가 아닙니다. 남에게 해를 끼치지도 않습니다. 아토피를 앓고 있거나 지체장애인들도 남에게 피해를 주지 않습니다. 그런데 내 자녀가 그렇다고 한다면 부모는 가만히 있질 않습니다. 자녀를 그 상태에서 벗어나게 하려고 백방으로 뛰어다닐 것입니다. 우리 하나님은 우리 부모님보다도 나를 더 사랑하십니다. 율법을 주어서 죄가 무엇인지 가르쳐주시는 것은, 우리를 죄인으로 만들려는 것이 아닙니다. 그 전에는 하나님을 모르는 것이나 우상숭배가 죄인 줄도 모르고 행했습니다. 그 결과 생명은 점점 위축되고 마침내 파멸에 이르렀습니다.

예를 들어봅시다. 회사 돈을 횡령했다고 합시다. 은폐하고 변명하는 일에 에너지를 사용합니다. 거짓말은 또 다른 거짓말을 낳습니다. 죄는 이처럼 생명을 위축시킵니다. 그래도 돌아서지 않습니다. 끝내는 파멸입니다. 그래서 바늘도둑이 소도둑이 된다는 속담이 나왔습니다.

우상숭배에 몰두합니다. 점을 보고 굿을 합니다. 손금, 관상, 사주팔자 등에 휘둘립니다. 있지도 않은 길일과 흉일에 내 삶이 좌우됩니다. 내게는 돈이 하나님입니다. 그래서 탐욕을 따라 움직입니다. 내 생명과 에너지가 무의미한 것에 탕진되고 마침내 파멸합니다. 이 모든 현상들을 사도 바울은 한마디로 "죄로 인하여 사망이 들어왔다"고 말합니다.

어떤 피조물로도 하나님의 형상을 만들지 말라고 하셨습니다. 그 말을 듣지 않는 사람들이 하는 행태를 살펴보십시오. 이상하게 생겼다 하면 돌이든 나무든 영험하다며 지극정성으로 섬깁니다. 이처럼 생명이 없는 것들이 인간을 지배합니다. 그야말로 "사망이 왕노릇합니다."

하나님을 가장 사랑하라 하셨습니다. 그런데 이적과 기사를 행하는 선지자나 꿈꾸는 자들, 심지어 목사들을 하나님처럼 섬깁니다. 하나님께서 말씀하십니다. "선지자나 꿈꾸는 자가 일어나서 이적과 기사를 네게 보이고 그가 네게 말한 그 이적과 기사가 이루어지고 … 너는 그 선지자나 꿈꾸는 자의 말을 청종하지 말라"(신 13:1-

3). 나아가서는 "그런 선지자나 꿈꾸는 자는 죽이라"(신 13:5)고 말씀하십니다. 왜 그런가요? 인간이 하나님의 이름으로 왕 노릇하기 때문입니다.

율법이라는 큰 은혜

하나님의 율법은, 뭐가 잘못인지 올바로 깨닫고 하나님께서 주신 생명과 시간과 재능을 제대로 사용하여, 하나님의 자녀답게 살라는 간곡한 당부입니다. 그래서 하나님의 율법을 주신 것은 하나님의 큰 은혜입니다. 하나님의 사랑은 여기서 멈추지 않습니다. 율법을 지키느라 노심초사하는 삶에서 새로운 세계로 인도하십니다. 예수 그리스도께서 열어주신 세계, 생명이 살아날 뿐만 아니라, 그 생명이 더욱 풍성해지는 세계입니다.

이에 대하여 사도 바울은 "예수 그리스도의 은혜로 말미암은 선물이 많은 사람에게 넘쳤다", "생명 안에서 왕 노릇한다"고 말합니다. 이 세계로 들어가고 싶지 않습니까? 이 세계를 알면 먼저 죽음에 대한 불안과 일상의 걱정들이 물러나기 시작합니다. 환란을 어떻게 대처해야 하며, 난관을 어떻게 돌파해야 하며, 어떤 태도를 취해야 하며, 어떻게 일을 풀어나가야 할지 알게 됩니다.

사도 바울은 이 세계에 들어간 후 이런 말을 하였습니다. "나는 비천에 처할 줄도 알고 풍부에 처할 줄도 알아 모든 일 곧 배부름과 배고픔과 풍부와 궁핍에도 처할 줄 아는 일체의 비결을 배웠노라. 내게 능력 주시는 자 안에서 내가 모든 것을 할 수 있느니라"(빌 4:12-13). 그렇습니다. 우리도 사도 바울처럼 될 수 있습니다. 그러나 그저 예수님을 믿는다고 단숨에 저절로 되는 것은 절대 아닙니다.

사도 바울이 말합니다. "한 사람이 순종하지 아니함으로 많은 사람이 죄인 된 것같이 한 사람이 순종하심으로 많은 사람이 의인이 되리라"(롬 5:19). 예수님께서 순종하심으로 그 세계로 들어가는 길을 열어 놓으셨습니다. 예수님께서 우리에게 말씀하십니다. "나를 따르라." 순종이 관건입니다. 즉 배우고 깨닫고 행해야 합니다.

여기서 명심해야 할 것이 있습니다. 짐 벨처는 "죄에서 어떻게 구원 받는지에 대해서만 강조할 때, 복음은 생명보험으로 전락해버린다"라고 말했습니다. 이 말을 잊지 말아야 합니다. 예수님께서 십자가에 죽으심으로 모든 죗값을 치르셨습니다. 그 사실을 내가 믿음으로 영생을 얻었습니다. 여기서 멈춰서는 안 됩니다. 반드시 다음 단계로 넘어가야 합니다. 성장해야 합니다. 이 땅에서도 하나님의 자녀답게 하나님의 은혜를 누리며 나누며 베풀며 살아야 합니다. 만약 성장하지 않으면 교리 속에 갇혀버립니다.

김승옥이라는 소설가가 있습니다. 〈서울 1964년 겨울〉, 〈무진기행〉 등 문학사에 길이 남을 빛나는 소설로 많은 청년들에게 큰 영향을 끼쳤습니다. 사고의 깊이와 넓이를 확장시켜주는 훌륭한 작품들입니다. 그런 그가 성령 체험을 하고 그리스도인이 됩니다. 그런데 이상하게도 그 이후 이렇다 할 그의 작품이 나오질 못합니다. 그의 치열했던 문학여정의 끝은 〈무진기행〉이 아니었나 싶을 정도였습니다. 저는 조금 아쉬운 마음도 들었습니다. 그가 예수님을 제대로 만났다면 오히려 그의 문학세계는 예수를 만난 이후로 더욱 깊어지고 넓어지며, 더 큰 영향력을 끼쳐야 하는 것이 아닌가 생각되었기 때문입니다. 기독교인이 되고 자유로운 창작활동을 멈춘 사람들이 꽤 많은 것으로 알고 있습니다.

예수님은 우리를 소심하고 착한 시민으로 만들기 위해 십자가에 달리신 것이 절대로 아닙니다. 각자의 삶의 자리에서 하나님의 지혜와 영감으로 갈 길 몰라 하는 불쌍한 영혼들을 이끌고, 황폐한 사막과 같은 이 세상을 살맛나는 에덴으로 만드는 생명의 리더들이 되라는 것이 예수님의 소망이자 명령입니다.

진리와 자유의 사람

스캇 펙 박사는 《끝나지 않은 여행》에서 영적 발달 4단계를 강조합니다. 첫 번째 단계는 혼돈·반사회 단계입니다. (저는 '본능의 사람'이라고 명명했습니다.) 이 단계는 믿음 같은 것은 전혀 찾아볼 수 없고, 원칙 없이 살아갑니다. 다른 사람과의 관계에서 자신의 이익만을 도모합니다. 그러나 자기 의지 외에는 스스로를 통제할 메커니즘이 없기 때문에 그의 삶은 혼돈 그 자체입니다. 설사 교회를 다녀도 습관적으로 다닐 뿐입니다. 이들 중에는 의지력과 자제력이 남달라서 크게 출세하는 사람들도 있습니다.

두 번째 단계는 형식적·제도적 단계입니다. (저는 '율법의 사람'이라고 명명했습니다.) 이 단계에서는 제도와 규칙에 의존하여 자신을 통제합니다. 교회도 매우 중요한 자기 통제의 수단이 됩니다. 그래서 교리나 신앙체계나 종교적인 형식에 매우 집착합니다. 이들에게 하나님은 무시무시한 통제관으로 내 일거수일투족을 감시하는 존재입니다. 내가 잘하면 복을 주고, 죄를 지으면 벌을 내리는 존재입니다. 나쁜 일이 생기면 벌을 받았다고 두려워하며 얼른 돌아옵니다. 그러다 좀 상황이 나아지면 엉뚱한 생각에 몰두하곤 합니다.

세 번째 단계는 회의적·개인적 단계입니다. (저는 '자율의 사람'이라고 명명했습니다.) 이 단계의 사람들은 교리나 신앙체계, 교회제도 등에 깊은 회의를 갖습니다. 하나님이나 종교에 대하여는 강한 의문과 반감을 갖고 있지만, 책임감을 갖고 사회 여러 분야에서 많은 일을 하며, 헌신적으로 봉사합니다. 자신의 삶에 대하여 책임지며 성실하게 살아갑니다. 비종교적이지만 율법의 사람들보다 훨씬 더 영적으로 앞서 있는 사람들입니다.

마지막 단계는 신비적·공동체적 단계입니다. (저는 '진리와 자유의 사람'이라고 명명했습니다.) 이들은 하나님과 깊은 관계를 맺으며, 하나님은 내 안에 내재하는 분이 됩니다. 하나님을 누구보다도 사랑합니다. 예수님처럼 살고 싶어 합니다. 신비로움에 강한 관심을 갖고, 하나님의 신비를 알고 싶어 합니다. 그래서 더 많은 신비와 조우하게 되고, 하나님의 깊은 것까지 이해하게 됩니다. 죽음에 대한 공포에서 자유로워지고, 물질에 대한 집착 또한 점점 사라져버립니다. 그러면서도 언제나 생명의 일, 살리는 일에 관심을 둡니다. 예수님은 우리 모두가 네 번째 단계에서 살기를 원하십니다.

이사야 선지자가 우리를 부르신 하나님의 마음을 다음과 같이 전합니다. "기쁨의 기름으로 그 슬픔을 대신하며 찬송의 옷으로 그 근심을 대신하시고 그들이 의의 나무 곧 여호와께서 심으신 그 영광을 나타낼 자라 일컬음을 받게 하려 하심이라"(사 61:3).

"의의 나무", "하나님의 영광을 나타낼 자"가 우리 이름처럼 불려져야 할 신 나는 이름입니다. 이들, 갇혀 있던 철조망을 과감히 넘어 새로운 세계로 향하는 사람들에게 사도 바울은 아름다운 이름을 덧붙입니다. 바로 "은혜와 의의 선물을 넘치게 받는 자"(롬 5:17)입니다.

강함과 옳음은 양립하기가 매우 어렵습니다.

강함이 옳음을 눌러버리기가 십상이고

옳음은 강함을 얻기 위한 수단으로 전락하는 경우가 많기 때문입니다.

복음을 쉽사리 받아들이지 못하는 이유는

끝없이 질문하고 논쟁하는 이유는

알고 보면 내가 너무 옳기 때문입니다.

09

지체를 의의 무기로

롬 6:8-14

나누어진 종교

우리 교회 홈페이지에 올라온 글 〈만약 하나님이 오신다면〉이라는 제목의 글을 인용합니다.

> 얼마 전 이스라엘의 예루살렘에 갔더니 유대교, 이슬람교, 기독교가 구역을 나누어 쓰고 있었다. 위 세 종교는 같은 조상을 모신다 한다. 아브라함은 창세기에 기록된 이스라엘 민족의 조상으로 '열국列國의 아버지' 라는 뜻이다. 하나님은 아브라함을 선민의 조상으로 삼아, 메

시아의 혈통으로 선택하셨다고 한다. 유대교, 그리스도교, 이슬람교 등 유일신 종교의 공통조상이 되었다. 유대교는 정통 유대교, 보수주의 유대교, 개혁 유대교로, 이슬람교는 수니파와 시아파로, 기독교는 로마 가톨릭, 그리스 정교회, 개신교로 나뉘었으며, 개신교는 장로, 침례, 감리, 성결, 루터 등으로 나누어진다. 만약에 하나님께서 다시 인간 세상에 오신다면 어떻게 하실까? 그 많은 가지 중에 하나를 혹은 누구를 남기실까? 갑자기 아주 무섭다는 생각이 들었다.

여기에 부연하자면, 한국 장로교만 해도 대략 200개 이상으로 분열됐습니다. 유대교는 아직도 하나님의 구원자를 기다리고 있는 반면 이슬람교는 마호메트를, 기독교는 예수님을 이미 오신 구원자로 섬기고 있습니다. 여기에 통일교, 몰몬교, 신천지 등 이단들이 끼어드는데, 이들의 교주들은 예수는 실패한 메시아이며, 자신들이 바로 하나님의 구원자라고 주장하며 세력을 규합합니다. 이들 모두의 공통점은, 모두 자신들이 여호와 하나님의 뜻과 가장 부합하며 가장 옳다는 것입니다. 같은 교파나 교단에 소속되어 있는 사람들이나 목사들의 견해도 같지 않고 저마다 각각입니다.

그렇다면 과연 누가 옳을까요? 나는 옳을까요? 정말 무서울 만도 합니다. 결론부터 말하자면 그 누구도 옳지 않습니다. 아브라함도 옳지 않습니다. 그래서 세례 요한이 "속으로 아브라함이 우리 조상이라고 생각하지 말라. 내가 너희에게 이르노니 하나님이 능히 이

돌들로도 아브라함의 자손이 되게 하시리라"(마 3:9)는 말을 했습니다. 옳은 존재가 딱 하나 있습니다. 바로 예수님이십니다. 그렇다면 이렇게 또 말할 것입니다. "예수님이 기준이시니까 내가 더 예수님에게 가깝다. 그러므로 내가 더 옳다."

예수님은 늘 가난하고 소외된 사람들을 불쌍히 여기고 도와주셨습니다. 그 예수님을, 자선을 율법으로 행하는 유대교인들이나 자비를 계율로 행하는 불교도들이 이기적이고 짠돌이인 예수쟁이보다 훨씬 더 닮았다고 할 수 있습니다. 요즈음 기독교가 얼마나 잘못하고 있으면 가톨릭은 연타석 홈런, 불교는 안타, 기독교는 병살타만 친다고 하겠습니까? 그러면서도 가톨릭 작가나 신학자의 말을 인용했다가는, 가톨릭은 성모 마리아를 숭배하는 이단인데 그들의 말을 인용한다고 들고 일어납니다. 도대체 뭐가 뭔지 너무나 헷갈립니다. 왜 이런 일들이 생긴 것일까요? 예수님의 생각은 어떤 것이며, 우리가 어떻게 되기를 원하실까요?

강함과 옳음이라는 잣대

세상을 가늠하는 잣대는 여럿이 있습니다. 그중 가장 강력한 기준은 '강함'과 '옳음'일 것입니다. 지난 선거 때, 서로 옳다고 주장하면서 자신을 국회의원으로 뽑아달라고 외쳤습니다. 상대방의 비리를 폭로하며, 옳지 않음을 강조합니다. 선거에서 이기고 강자가 되고 다수당이 됩니다. 그런데 세상에서는 강함과 옳음은 양립하기가 매우 어렵습니다. 강함이 옳음을 눌러버리기가 십상이고, 옳음은 강함을 얻기 위한 수단으로 전락하는 경우가 많기 때문입니다. 정치든 경제든, 나라든 개인이든 대동소이합니다. 그런 현상은 종교에서 가장 두드러집니다. 그래서 종교전쟁이 가장 무자비하고 치열합니다.

예수님 당시 유대교는 종교계의 절대강자였고 로마는 세속 왕국의 절대 강자였습니다. 그런데 유대교의 종교적 오만은 정복자 로마마저 개로 여길 정도였습니다. 그 와중에 예수님께서 오셨습니다. 왜 오셨을까요? 종교와 세속의 강자들을 물리치고 절대 지존으로 군림하기 위해서 오셨을까요? 결코 그렇지 않습니다.

누가 더 옳을까? 하나님께서 오시면 아브라함에서 갈려나간 수많은 가지 중 어떤 것을 옳다고 하실까? 내가 속해 있는 가지가 아니라면 어떻게 하지? 그런 질문들과 두려움은 예수님께서 왜 오셨는지 그 이유를 모르기 때문에 생기는 것들입니다. 수천 년 동안 내가 가장 옳다 주장하며, 추종세력들을 규합하여 종교계의 강자가 되려는 몸부림 역시, 예수님께서 왜 오셔야 했는지 전혀 이해하지 못하기 때문입니다.

예수님을 찾아 헤매던 끝에 드디어 예수님을 발견한 무리가 외쳤습니다. "랍비여, 언제 여기 오셨나이까"(요 6:25). 그러나 예수님의 표정은 밝지 않았습니다. 그리고 이렇게 말씀하셨습니다. "너희가 나를 찾는 것은…떡을 먹고 배부른 까닭이로다"(요 6:26). 그리고 예수님의 살과 피를 먹어야 한다고 하셨습니다. 들을 귀 있는 자는 들으라 하셨습니다.

십자가를 없애주겠다 하지 않고, 자기 십자가를 지고 예수님을 좇으라 하셨습니다. 어안이 벙벙해진 많은 이들이 "어렵도다. 누가 들을 수 있느냐"(요 6:60) 하며 예수님을 떠나갔습니다. 그러자 예수님께서 열두 제자들에게 말씀하셨습니다. "너희도 가려느냐"(요 6:67). 떠나고 싶으면 그렇게 하라는 것입니다. 예수님은 추종자들을 반기지 않았습니다. 예수님은 강자와 세력에 관심이 없었습니다.

당연히 예수님의 아버지인 여호와 하나님 역시 강자와 세력에 전혀 관심이 없으십니다. 여호수아에게 적군의 말을 노획하면 그 힘줄을 끊고 병거는 불태우라 하셨습니다. 다윗이 승승장구하여 강대한 나라가 되고, 백성들과 군사들의 숫자를 세다가 하나님께 큰 징계를 받고 백성들이 전염병으로 칠만 명이나 죽어야 했습니다(삼하 24:15).

예수님은 옳음에 대해서도 굉장히 엄격하셨습니다. 부자 청년이 찾아와 예수님께 묻습니다. "선생님이여, 내가 무슨 선한 일을 하여야 영생을 얻으리이까"(마 19:16). 그 청년은 십계명을 잘 지키며 신앙생활을 잘하는 신실하고 올곧은 사람이었습니다. 예수님을 찾아와 지혜를 구할 정도로 진지했습니다. 자신의 올바름에 대해서도 자신 있어서 "이 모든 것을 내가 지키었사온대 아직도 무엇이 부족하니이까?"라고 반문할 정도였습니다.

그러나 예수님은 그의 올곧음을 칭찬하지 않으셨습니다. 재산을 팔아 가난한 자들에게 나눠주고 예수님을 쫓으라 하셨습니다. 예수님은 자신을 옳다고, 또 선하다고 생각하셨을까요? 이 부자 청년과의 대화에서 예수님은 아주 중요한 말씀을 하십니다. "어찌하여 선한 일을 내게 묻느냐? 선한 이는 오직 한 분이시니라"(마 19:17). 그 한 분은 당연히 여호와 하나님이십니다. 하나님과 자신만이 선하다는 것을 알면서도 예수님께서 괜히 그렇게 말씀하셨을까요?

십계명 중 제3계명은 "하나님 여호와의 이름을 망령되게 부르지 말라"입니다. '부르다'에 해당되는 히브리어는 '나솨'로, '가지고 다니다'는 뜻이 있습니다. 하나님의 이름을 가지고 다니다가 필요할 때마다 들먹이며 자신의 정당성을 주장하는 것이 곧 하나님의 이름을 망령되게 부르는 것입니다. 얼마나 많은 사람들이 자신의 옳다는 것을 입증하기 위해 하나님의 이름을 앞세우는지 곰곰이 생각해보십시오. 아무리 자신이 옳더라도 완전히 옳은 것은 아니며, 설사 그 사항에 대해서 옳더라도 하나님의 이름을 앞세워서는 안 됩니다. 그래서 예수님께서 말씀하십니다. "도무지 맹세하지 말지니 하늘로도 하지 말라. 이는 하나님의 보좌임이요. 땅으로도 하지 말라. 이는 하나님의 발등상임이요. 예루살렘으로도 하지 말라. 이는 큰 임금의 성임이요. 네 머리로도 하지 말라. 이는 네가 한 터럭도 희고 검게 할 수 없음이라. 오직 너희 말은 옳다 옳다, 아니라 아니라 하라. 이에서 지나는 것은 악으로부터 나느니라"(마 5:34-37). 예수님은 얼마만큼 더 옳고 선한가, 다른 사람들보다 그 사람이 더 옳고 선한가에는 관심이 없으셨습니다.

로마서를 쓴 사도 바울은 자신이 옳다고 생각했을까요? 그는 예수 그리스도를 만나기 전에는 유대교가 가장 옳으며, 그중에서도 자신이 가장 옳다는 생각으로 가득했습니다. 그래서 예수를 믿는 그리스도인들을 잡으러 다녔습니다. 그는 그리스도인들을 잡아들일 수 있는 살인면허를 가진 유대교의 제임스 본드였습니다. 그러다가 다메섹 도상에서 부활하신 예수님을 만나고 180도 달라집니다. 자신의 특권과 재능과 지위를 배설물로 여겼습니다. 언제나 자신의 강함과 옳음을 뽐내던 그가 예수님을 믿고 난 다음부터는 자신의 약함과 악함을 자랑하고 토로하였습니다. 겸손한 척한 것이 절대로 아닙니다. 믿음의 아들 디모데에게 "죄인 중에 내가 괴수니라"(딤전 1:15)고 하였습니다. 과거에 죄인의 괴수였다는 것이 아닙니다. 현재 그렇다는 것입니다.

그 이유를 다음과 같이 설명합니다. "내가 긍휼을 입은 까닭은 예수 그리스도께서 내게 먼저 일체 오래 참으심을 보이사 후에 주를 믿어 영생 얻는 자들에게 본이 되게 하려 하심이라"(딤전 1:16). 최고로 옳다며 기세 등등 다른 사람들을 무자비하게 휘둘렀던 과거의 자신을 예수님께서 얼마나 오래 참으셨는지 깨달은 뒤 사도 바울은 고개를 들 수 없었습니다. 그런 자신을 만나주고 구원해주신 것이 얼마나 큰 긍휼인지 깨달았습니다. 그리고 그렇게 하신 것은 다른 사람들의 본이 되기 위함을 알았습니다. 그래서 감히 자신이 옳다고 말할 수 없었습니다.

복음을 쉽사리 받아들이지 못하는 이유는, 끝없이 질문하고 논쟁하는 이유는, 알고 보면 내가 너무 옳기 때문입니다. 그러나 우리는 누구도 100퍼센트 완전히 옳을 수 없습니다. 옳음과 비슷한 것은 옳은 것이 아닙니다. 그 옳음이 삶으로 나타나지 않으면 진정한 옳음이 아닙니다. 또한 설사 100퍼센트 옳았다고 해도 예수님의 선하심과 정의와는 비교조차 할 수 없습니다. 이렇게 강함과 옳음에 대해서 논박하는 이유는 강하고자 하는 욕망과, 내가 옳다는 주장을 버릴 때 비로소 제정신이 들기 때문입니다. 비로소 예수님이 보이기 때문입니다. 그분의 가르침에 귀를 기울이게 되고 동의할 수 있고 제대로 진리의 길을 갈 수 있기 때문입니다.

예수와 합하여

예수님께서 승천하기 직전에 제자들에게 당부하셨습니다. "너희는 가서 모든 민족을 제자로 삼아 아버지와 아들과 성령의 이름으로 세례를 베풀고 내가 너희에게 분부한 모든 것을 가르쳐 지키게 하라. 볼지어다, 내가 세상 끝 날까지 너희와 항상 함께 있으리라" (마 28:19-20). 예수님의 이 명령을 수행한다면서 행한 기독교의 행태를 깊이 성찰해보십시오. 세력 확장을 위한 전쟁도 수없이 저질렀고, 마녀 사냥의 명분으로 반대파 수백만 명을 학살하고, 나만 가장 옳다는 종교적인 오만으로 다른 사람들을 능멸했습니다.

오늘날에도 그다지 나아지지 않았습니다. 전도라는 미명으로 무례를 서슴지 않고, 성당에 불을 지르고 불상을 훼손합니다. 종교지도자들을 맹신하여 하나님처럼 떠받들고, 하나님의 자녀들인 교인들을 하수인처럼 대하며, 자기 교회 성장과 건물 세우기에만 골몰합니다. 모두 강하고자 하는 욕망과 나만 옳다는 주장이 합세하여 일으킨 행태들입니다. 이것이 4대 종교가 예루살렘을 분할 점령한 이유이며, 헤아릴 수 없이 많은 종파와 교파와 교단으로 갈가리 찢긴 이유입니다. 누가 더 옳은가 하는 질문은 예수님께 무의미한 것입니다.

사도 바울이 아주 중요한 말을 합니다. "유대인은 표적을 구하고 헬라인은 지혜를 찾으나"(고전 1:22). 표적은 모든 세력을 물리치는 '강함'을 의미합니다. 지혜는 모든 논리를 잠재우는 '옳음'을 의미합니다. 그런데 예수님은 강함과 옳음을 초월한 제3의 길을 제시합니다. 예수님은 생명을 살리고 그 생명을 더욱 풍성하게 하기 위해서 오셨습니다. 이 암울하고 덧없이 흘러가는 이 생명이 살아나고,

비천에도 비굴해지지 않고 풍부에는 더욱 겸손해지는, 생명의 풍성을 누리기 원하는 사람이 택할 길은, 종파나 교파가 아니라 오직 예수 그리스도입니다.

로마서 6장에서 "예수와 합하여", "예수와 함께", "예수와 연합하여"라는 구절이 여덟 번이나 반복되고 있습니다. 예수 그리스도와 연합하는 길을 열심히 예수님을 섬기는 것으로 생각합니다. 그렇게 배웠습니다. 하지만 스스로 물어봐야 합니다. 열심을 다한 종교 행위로 예수님을 섬기는 이유가 무엇입니까? 강해지기 위해서, 잘 먹고 잘 살기 위해서입니다. 그런데 사도 바울은 "너희 지체를 불의의 무기로 죄에게 내주지 말고"(롬 6:13)라고 당부합니다. 섬김의 보상을 받아 강해지기를 원하는 마음을 버리지 않는 한, 십중팔구는 나는 불의의 무기가 됩니다. 그 마음을 버리지 않았기 때문에 그렇게 열심히 기도와 전도와 헌금과 봉사를 했음에도, 피 흘려 세우신 교회가 세상보다도 소란하고 쫀쫀하고 이기적으로 변질되었습니다.

예수님과의 연합은 그분의 가르침에 귀를 기울이고, 그분의 가르침을 깨닫고 따라가고 닮아가는 일입니다. 그분은 오래 참고, 온유하며, 시기하지 아니하고, 자랑하지 아니하며, 교만하지 아니하며, 무례히 행하지 않으십니다. 자기의 유익을 구하지 아니하며, 성내지 아니하며, 악한 것을 생각하지 아니하며, 불의를 기뻐하지 아니하십니다. 진리와 함께 기뻐하고, 모든 것을 참으며, 모든 것을 믿으며, 모든 것을 견디십니다.

각자 삶의 현장에서 예수님처럼 생각하고 행동하려고 애쓰는 것이 곧 '내 지체를 의의 무기로 하나님께 드리는 것'입니다. 그럴 때 일어나는 놀라운 일이 일어납니다. "죄가 너희를 주장하지 못하리니"(롬 6:14). 죄를 이기려고 몸부림치지도 않았는데, 죄는 이미 나와 멀어져 있습니다. 당연히 죽은 것마저 살리시는 하나님의 능력이 나를 통하여 나타납니다. 그토록 갖고 싶어 하던 강함과 옳음이 저절로 쥐어집니다. 그러나 그것이 하나님의 전적인 은혜인 것을 알고 나는 더욱 겸손해집니다.

이 사람들을 사도 바울은 "그리스도 예수 안에서 하나님께 대하여는 살아 있는 자"(롬 6:11)라고 부릅니다.

계명이나 율법은 감옥도 올무도 아닙니다.

이정표입니다.

계명에 갇히라는 것이 아닙니다.

계명을 보고 어디로 가야 하는지 알라는 것입니다.

10

구주와 함께 나 살았도다

롬 7:1-6

마지막 징조

예수님께서 생명을 살리고 그 생명을 더욱 풍성하게 하기 위해서 오셨고, 당연히 교회와 목사는 예수님의 생명 사역에 동참해야 합니다. 그리고 스스로 내가 현재 하고 있는 생각이나 일이 과연 생명을 살리고 풍성하게 하기 위함인지 늘 점검해야 합니다.

한 집사님이 책을 한 권 주시면서 "목사님은 어떻게 생각하세요?"라고 물었습니다. 그 책은 '마지막 징조'에 관한 책이었습니다. 지구 종말이나 마지막 징조에 관한 책과 영화가 굉장히 많습니다.

성경, 특히 요한계시록에 기록된 마지막 징조들에 대한 이야기들은 생소한 언어들과 그로테스크한 장면들로 가득하여 큰 두려움을 자아냅니다. 많은 목회자와 이단들이 현재 지구에서 일어나는 재난과 사건들을 성경의 기록과 연결시켜 임박한 종말을 강조합니다.

마지막 징조에 대해서 어떻게 생각하십니까? 두렵습니까? 그럴 수도 있겠다 싶습니까? 종말론은 이단들의 단골메뉴인데, 왜 이들은 특히 종말론을 들먹이는 걸까요? 간단히 말해서, 사람들로 하여금 두려움을 갖게 하여 자신의 수하로 끌어들이기 위함입니다. 그러므로 종말론으로 사람들에게 두려움을 조장한다면 일단 경계해야 합니다. 두려움과 공포로 자신의 뜻을 관철시키는 것을 '공갈' 또는 '협박'이라고 합니다. 두려움을 느끼면 생명이 위축되고 상대방에게 사로잡히기 마련입니다. 성경의 내용을 그런 식으로 오용하는 집단이라면 기성교회든 이단이든, 결코 건강하다고 할 수 없습니다.

예수님께서도 마태복음 24장과 마가복음 13장과 누가복음 21장에서 세상 끝 날에 나타날 재앙에 대해서 길고 자세하게 말씀하셨는데, 예수님은 공포와 두려움을 야기할 의도가 전혀 없었습니다. 오히려 세상 종말을 들먹이며 성도들을 미혹하는 세력에 조심하라고 경고하셨습니다.

"그때에 사람이 너희에게 말하되 보라, 그리스도가 여기 있다 혹은 저기 있다 하여도 믿지 말라. 거짓 그리스도들과 거짓 선지자들이 일어나 큰 표적과 기사를 보여 할 수만 있으면 택하신 자들도 미혹하리라"(마 24:23-24). 사람들을 미혹하는 사람들이 아무리 대단해 보여도 절대로 따라가지 말라는 것입니다.

그리고 결론적으로 다음과 같이 말씀하셨습니다. "그때에 인자의 징조가 하늘에서 보이겠고 그때에 땅의 모든 족속들이 통곡하며 그들이 인자가 구름을 타고 능력과 큰 영광으로 오는 것을 보리라. 그가 큰 나팔소리와 함께 천사들을 보내리니 그들이 그의 택하신 자들을 하늘 이 끝에서 저 끝까지 사방에서 모으리라"(마 24:30-31).

종말론에 대한 가장 올바른 태도를 보여주는 기록이 있습니다. 세상 끝 날에 대한 가장 상세한 내용은 성경의 마지막 책인 요한계시록에 기록되어 있는데 그 요한계시록은 "아멘. 주 예수여, 오시옵소서"(계 22:20)로 끝납니다. "아멘"은 "이 말씀이 그대로 이루어지소서"라는 뜻입니다. 그러니까 그 무서운 재앙들이 빨리 일어나고 예수님은 빨리 오시라는 뜻입니다.

오늘날 많은 사람들이 두려워하는 일들을 왜 초대 교인들은 속히 이루어지기를 기원했을까요? 초대 교인들이 초점을 맞춘 것은, 무서운 재앙들의 내용이 아니라, 예수님의 재림입니다. 그 어떤 무서운 재앙 가운데서도 자신들에게 임하는 예수님의 구원에 초점을 맞추고 "그의 택하신 자들을 하늘 이 끝에서 저 끝까지 사방에서 모으리라"는 예수님의 약속에 집중하였습니다. 무슨 일이 일어나도 상관없으며, 죽으면 죽으리라는 것이고, 오직 예수님만을 기다린다는 것입니다. 그래서 요한계시록을 읽으며 그들은 환호했고, "주 예수여, 어서 오시옵소서!"라고 외쳤습니다.

그런데 종말론으로 두려움을 조장하는 집단들은 "그의 택하신 자"라는 구절을 들어 함정을 파놓습니다. 자신들만이 택함을 받았다는 것입니다. 그렇게 두려움을 조장하고 또 엉터리 논리로 사람들을 함정에 빠뜨려 추종세력을 모은 다음 여러 가지 법칙과 규칙들을 지키게 합니다. 그중에는 자신들의 지도자를 하나님처럼 섬겨야 한다는 것은 반드시 포함되어 있습니다. 그러고는 사로잡은 사람들을 세력 확장에 동원합니다. 물론 이 모두가 하나님을 잘 섬기는 길이며 복을 많이 받으리라는 거짓 약속이 덧붙여집니다. 요즈음 기승을 떨치고 있는 '신천지' 집단들이 사람들에게 던지는 질문들 중에는 이런 것들이 있습니다.

"해 달 별이 떨어졌다는 것은 무슨 뜻입니까?"

"젖 먹이는 자들에게 화가 있으리로다(마 24:19)라는 말씀은 무엇을 의미합니까?"

"예수님이 재림 때 타고 오시는 구름은 무엇입니까?"

"주의 재림 때 천사장의 나팔이 몇 개인지 아십니까?"

"어린 양의 피에 옷을 씻으면 무슨 색의 옷이 됩니까?"

"종말 때 특별히 조심해야 할 짐승은 무엇입니까?"

"일반 성령과 진리의 성령과의 차이는 무엇입니까?"

이런 질문이 구원을 위한 굉장히 중요한 질문인 양 들이대며, 당황하는 사람들을 자신들의 성경공부에 끌어들여 옭아매고는 이만희의 하수인으로 만듭니다. 예수님은 이런 질문들에 대한 답을 가르치기 위해 오신 것이 아닙니다. 하나님께서 우리에게 성경을 주신 것은 천사장의 나팔이 몇 개인지 알려주기 위해서가 아닙니다. 설사 끝없는 질문들이 모두 충족된다고 해도 구원에 이르는 것이 결코 아닙니다. 그 어떤 내용이든 율법으로 사람들을 옭아맨다는 것은 곧 생명을 오도하고 위축시키는 것입니다.

예수님은 자신들과 사람들을 옭아매고 있는 바리새인들의 율법을 깨뜨리고, 사람들의 눈을 뜨게 하고 그 영혼을 해방시켜 하나님의 자녀답게 살게 하기 위해서 오셨습니다. 계명이나 율법은 감옥도 올무도 아닙니다. 이정표입니다. 계명에 갇히라는 것이 아닙니다. 계명을 보고 어디로 가야 하는지 알라는 것입니다.

사도 바울은 과거의 인간들을 율법이라는 남편에 종속된 아내로 비유하고 있습니다. 한 여자가 한 남자와 결혼을 하였습니다. 그 남편은 매우 엄격한 남자였습니다. 매일 출근하면서 아내에게 해야 할 일들을 적은 쪽지를 줍니다. 그러고는 퇴근하여 그 쪽지를 보며 점검합니다. 시행하지 않으면 화를 내고 채근하였습니다. 결혼생활이 지옥입니다. 하루 종일 쪽지를 보면서 일을 합니다. 하나도 즐겁지 않습니다. 더구나 남편의 퇴근 시간이 되면 마음이 오그라듭니다. 오늘은 무슨 트집이 잡혀 닦달을 당할까 남편이 들어오는 발자국 소리만 들려도 마음이 콩알만 해집니다.

그런데 하나님께서 그 쫀쫀하고 지독한 남자를 데려가셨습니다. 그 가련한 여인에게 하나님께서는 한 남자를 보내주셨습니다. 그 남편은 너그럽고 친절하고 최고의 사랑에 최고의 능력까지 겸비한 사람입니다. 그 여인은 그 남편을 위하여 하루 종일 일하지만 사랑하는 사람을 위하여 하는 일이라 즐겁기만 합니다. 퇴근 시간이 기다려집니다. 퇴근한 남편은 칭찬일색입니다. "아니, 집에서 편히 쉬지, 무슨 일을 이렇게 많이 했어? 피곤하지? 맛있는 거 먹으러 가자."

어느 날 그 여인이 창고를 정리하다가 낡은 상자를 발견하였습니다. 열어보니 옛 남편이 매일 준 쪽지뭉치가 있었습니다. 옛 남편은 무슨 보물인 양 그 쪽지들을 차곡차곡 모아놓은 것입니다. 여자는 그 쪽지를 집어 들어 읽어보고는 피식 웃으며 말했습니다. "이 양반아, 지금은 그때보다 훨씬 더 많은 일을 하지만 하나도 힘들지 않아!" 전 남편과의 삶이 바로 율법 아래의 삶이고, 상자 안의 쪽지뭉치들은 "율법 조문의 묵은 것"(롬 7:6)들입니다.

"남편 있는 여인이 그 남편 생전에는 법으로 그에게 매인 바 되나 만일 그 남편이 죽으면 남편의 법에서 벗어나느니라. 그러므로 만일 그 남편 생전에 다른 남자에게 가면 음녀라. 그러나 만일 남편이 죽으면 그 법에서 자유롭게 되나니 다른 남자에게 갈지라도 음녀가 되지 아니하느니라"(롬 7:2-3). 매일 율법으로 정죄하던 남편이 죽고, 사랑과 위로로 격려하는 새 남편 예수님을 만났다는 것입니다.

하나님을 위한 열매

하나님께선 왜 그렇게 하셨을까요? 사도 바울이 다음과 같이 밝히고 있습니다. "그러므로 내 형제들아 너희도 그리스도의 몸으로 말미암아 율법에 대하여 죽임을 당하였으니 이는 다른 이 곧 죽은 자 가운데서 살아나신 이에게 가서 우리가 하나님을 위하여 열매를 맺게 하려 함이라"(롬 7:4). 예수님께로 가서 하나님을 위하여 열매를 맺게 하려 함입니다. 그렇다면 하나님을 위한 열매가 무엇일까요? 종교행위의 매진과 전도를 통한 세력 확장일까요? 아닙니다.

사도 바울이 그 열매에 대해 다음과 같이 말합니다. "오직 성령의 열매는 사랑과 희락과 화평과 오래 참음과 자비와 양선과 충성과 온유와 절제니 이 같은 것을 금지할 법이 없느니라"(갈 5:22-23). 이어서 "그리스도 예수의 사람들은 육체와 함께 그 정욕과 탐심을 십자가에 못 박았느니라"(갈 5:24), "헛된 영광을 구하여 서로 노엽게 하거나 서로 투기하지 말지니라"(갈 5:26)고 하였습니다. 헛된 영광을 구하는 것은, 자신을 위한 부와 명예와 권력 추구, 자신을 위한 세력 확장을 말합니다. 그런 것들과 성령의 열매와는 아무런 관계가 없음을 명심해야 합니다.

십수 년 전 강남의 한 교회 담임목사로 부임했을 때, 거기서 이명현이라는 청년을 만났습니다. 그녀의 꿈은 선교사였습니다. 그래서 교회 간사 직분을 주고 신학공부를 시켰습니다. 공부를 마치고 몽골로 떠났습니다. 몽골에서 5년 동안 교회도 세우고 열심히 선교활동을 하다가 추방되었습니다. 그러고는 빈민국 아동 개발 프로그램 우간다 팀장으로 자리를 옮겼습니다. 그곳에서 현지 스텝 20명과 함께 2,000명의 어린이들을 돕는 중 한국에 잠시 들러 저를 만났습니다. 이명현 선교사는 정말 열심히 일하고 있었습니다. 특히 어린이들을 위한 교육과 도서관 건립에 힘을 쏟고 있었습니다. 돕기로 했습니다. 오토바이를 타고 다니며 업무를 한다는 말에 자동차와 솔라 라이트를 살 수 있도록 지원하였습니다. 200개의 태양열로 작동되는, 개당 3만 원의 솔라 라이트는 전기가 들어오지 않는 우간다 시골의 어린이들이 밤에도 책을 읽을 수 있게 해주는 등불이 됩니다.

그녀가 떠난 후, 어떻게 책을 보낼 수 있을까 궁리하였습니다. 미국 지인들에게 연락을 하고 지원을 부탁했지만 어려움이 많았습니다. 그러던 어느 주일 아침 못 보던 청년이 예배당에 일찍 와서 앉아 있었습니다. 예배 후에 저에게 말을 걸었습니다. 뉴욕에서 온 변호사였습니다. 다짜고짜 우간다에 영어책 보내는 건에 대해서 말하고 제 이메일 주소를 건네주었습니다. 그리곤 잊었는데 이메일이 왔습니다. 청년의 이름은 전보경이었습니다. 그때 처음 그녀의 이름을 알았습니다. 이메일 내용은, 다른 일로 뉴욕 YWCA 사무총장을 만나 그 이야기를 하였는데 관심을 보였다는 것입니다.

현재 그 일이 어떻게 진행되고 있을까요? 보경 자매가 보낸 이메일입니다.

> 안녕하세요? 뉴욕에 있는 보경 자매입니다. 건강하시죠? 다름 아니라 사역지로 책을 보내는 건으로 YWCA 사무총장님 및 스텝들과 의견을 나누었는데, 흔쾌히 도와주겠다고 하십니다. 작은 분량의 책을 모으는 것이 아니기 때문에 약간의 장비나 인력이 필요하겠지만, 이전에도 책 운송 경험이 있어서 노하우가 있다고 하네요. 뉴욕의 제 친구가 관련 일을 하여 운송 건을 문의해보니 가능하다고 합니다. 이번 주말에 창고를 알아볼 예정입니다. 어떻게 운송할 것인지에 대한 구체적인 내용은 YWCA 스텝들과 다시 미팅을 갖고 결정하기로 했습니다. 우선은 뉴욕·뉴저지 등의 신문에 YWCA의 이름으로 광고를 내는 것과, 이번 여름에 YWCA에서 진행하는 행사 중 하나인 문학 페스티벌에 등록비 대신 부모님들이 집에서 책을 가지고 오는 방식 등 여러 방법으로 책을 모을 수 있을 것 같습니다. 그럼 다시 연락드리겠습니다. 건강하시고 언젠가 만나 뵙기를 소망합니다.

이 메일을 읽고 한동안 정신이 멍했습니다. 하나님께서 하시는 일이 얼마나 엄청난지 말문이 막혀버렸습니다. 선교사의 꿈을 꾼 노처녀, 그 일을 돕겠다고 나선 별 볼일 없는 목사, 인터넷으로 성서학당을 보고 한국에 온 길에 예배에 참석한 뉴욕의 젊은 변호사 그리고 뉴욕 YWCA 사무총장과 스텝들, 보경 자매의 친구들, 신문광고를 보고 책을 보낼 뚱뚱하고 착한 뉴욕 시민들, 문학 페스티벌 등록비 대신 책을 들고 올 미국 학부모들… 그래서 보경 자매에게 우간다로 가는 운송비와 관세와 기타 비용들은 우리 교회가 기꺼이 부담하겠다고 이메일을 보냈습니다.

사람들은 가끔 제게 가장 감명 깊게 읽은 책이 무엇이냐고 묻습니다. 저는 《동아백과사전》이라고 말합니다. 초등학교 시절 지방 소도시에는 읽을 책이 귀했습니다. 부친께서 우리나라 첫 백과사전인 《동아백과사전》을 주문하셨고, 매달 한 권씩 집으로 배달되었습니다. 백과사전 안에는 엄청난 세상이 있었습니다. 그 백과사전을 통해 저는 새로운 세상으로 나설 수 있었습니다.

전기가 없어 해가 지면 아무것도 할 수 없는 우간다 어린이들, 교과서 한 권을 대여섯 명이 둘러 앉아봐야 하는 우간다 어린이들에게 이제 솔라 라이트와 함께 엄청난 양의 책이 주어집니다. 하나님께서 하나님의 사람들을 통해서 보내주신 그 책들이 그 어린이들을 성장시키고 변화시켜서 새로운 세상으로 인도할 것입니다. 생각만 해도 가슴이 먹먹해집니다.

그 이후 이명현 선교사에 대한 지원을 계속하여 현재는 여섯 개의 초등학교 6,000명 어린이들의 점심 급식을 돕고 있습니다. 이 어린이들 부모의 하루 임금은 1달러로, 저녁 한 끼로 하루를 살았습니다. 이들의 점심 급식비용은 부활절 헌금으로 충당되는데, 신이 난 우리 교우들은 열심히 일하며 이들을 위해 열심히 헌금을 합니다. 앞으로 얼마나 많은 어린이들을 먹이게 될지 생각만 해도 가슴이 먹먹해집니다.

사도 바울이 말합니다. "이제는 우리가 얽매였던 것에 대하여 죽었으므로 율법에서 벗어났으니 이러므로 우리가 영의 새로운 것으로 섬길 것이요, 율법 조문의 묵은 것으로 아니할지니라"(롬 7:6).

'선택받은 이'는 종교행위에 몰두하며 이제나 저제나 하나님의 복이 임할까 기다리는 사람들이 아닙니다. 예수님께서 주신 새로운 영으로 나를 살리고, 예수님과 함께 남을 살리러 떠나는 사람들입니다. 그 사람들은 지구의 종말이 언제 어떻게 일어나든 관심이 없습니다. 신랑이자 친구이신 예수님과 함께라면 어디든지 가는 사람들입니다.

사도 바울의 장탄식은 절망에서 나온 것이 아니라
자신은 죄에 무력하다는 것을 자인하는 말입니다.
너무나 느리고 비효율적이고 역설적으로 보이는 하나님의 방법은,
그러나 나를 최고의 자녀로 살게 하는 최선의 길입니다.

11

오호라 나는 곤고한 사람이로다

롬 7:14-25

사도 바울의 탄식

"내가 원하는 바 선은 행하지 아니하고 도리어 원하지 아니하는 바 악을 행하는도다"(롬 7:19).

이 가련한 고백은 범죄자의 것이 아닙니다. 우리처럼 나약한 사람의 입에서 나온 말도 아닙니다. 복음을 위하여 그 어떤 고난도 달게 받았던 신앙의 맹장 사도 바울의 입에서 나온 말입니다. 어떻게 이럴 수가! 우리에게 하나님께서 원하시는 선을 가르치면서, 자신은 원치 아니하는 악을 행하다니! 꽤나 실망스럽습니다.

그런데 사도 바울의 이상한 말은 계속됩니다. "그것을 행하는 자가 내가 아니요, 내 속에 거하는 죄니라"(롬 7:17). "만일 내가 원하지 아니하는 그것을 하면 이를 행하는 자는 내가 아니요, 내 속에 거하는 죄니라"(롬 7:20). 하나님께서 원치 않는 일을 해놓고는 자신이 아니라 자기 안에 있는 죄가 행한 것이라고 합니다. 책임전가는 명백한 잘못입니다. 사도 바울이 이런 말을 하다니 믿어지지 않습니다.

"나는 예수 그리스도의 십자가 공로로 죄 사함을 받았다. 이는 단번에 이루어진 영원한 구원이다. 또한 그 이후의 잘못은 회개를 통하여 사함을 받는다. 고로 나는 어떤 짓을 해도 된다"고 주장하며, 자신의 잘못된 행위를 정당화하는 궤변론자들도 많습니다. 이는 많은 예수쟁이들이 무모하고 무례한 범법행위들을 서슴지 않는 이유이기도 합니다.

또한 영은 선한 것이고 육은 악하다고 보는 영지주의 계열의 이단들은, 영은 예수님의 피로 구원을 받았고 육은 원래 악한 것이니, 이 몸으로 무슨 일을 해도 상관없다고 주장합니다. 사도 바울도 그들과 같은 생각일까요? 사도 바울의 장탄식이 이어집니다. "오호라 나는 곤고한 사람이로다. 이 사망의 몸에서 누가 나를 건져내랴"(롬 7:24).

그런데 이 탄식에서 사도 바울이 말하고자 하는 것이 무엇인지 엿볼 수 있습니다. 마음을 가다듬고 사도 바울의 속내를 따라가봅시다.

원하는 바 선은 행하지 않고 원치 않는 악을 행한다거나, 죄의 법이 자신을 사로잡아 죄로 끌고 가는 것을 본다거나, 자신 안의 죄가 죄를 짓게 한다는 것은, 발버둥 쳐도 벗어날 수 없는 무서운 죄의 모습, '죄의 현실성'을 고백한 것입니다. 우선 큰 위로를 받기 바랍니다. 사도 바울도 그랬다면 나처럼 연약하고 어리석은 사람의 갈등과 낙담은 당연한 것입니다.

비단 사도 바울뿐만 아닙니다. 구약에서 가장 용감했던 사람은 단연 예언자 엘리야입니다. 갈멜 산에서 엘리야는 홀로 바알과 아세라 선지자 850명과 맞서 승리하였습니다. 그때 그는 사자와 같이 당당한 모습이었습니다. 그런데 아합 왕의 아내 이세벨이 이를 갈며 엘리야를 죽이려 하자 엘리야의 모습은 돌변합니다. 이세벨이 무서워 멀리멀리 광야로 도망칩니다. 그러고는 작은 로뎀나무 아래 앉아서 하나님께 차라리 자신을 죽여달라고 간청합니다. 그 때의 엘리야는 한 마리의 가련한 다람쥐 같습니다.

굳건한 믿음의 소유자도, 하나님의 큰 능력을 체험했던 사람들도 갈등하고 낙담하며 때론 넘어지기도 합니다. 그러므로 어떤 경우에도 주저앉지 말고 포기하지 말고 다시 마음을 추슬러야 합니다. 서로의 나약함을 용납하고 허물을 덮어주고, 지치고 낙담한 사람들을 위로하고 격려해서 함께 천성을 향해 가야 합니다. 무엇보다도 현재 내가 하나님께 벌을 받고 있다는 생각을 버려야 합니다.

사도 바울이 말하고자 하는 것은, 우리가 어쩌지 못하는 '죄의 현실'이 아니라, 구원자를 통한 '죄에서의 자유'입니다. 사도 바울의 장탄식은 절망에서 나온 것이 아니라, 자신은 죄에 무력하다는 것을 자인하는 말인 것입니다.

죄에 대한 잘못된 태도

죄에 대한 사람들의 잘못된 태도 두 가지가 있습니다. 죄를 방치하는 것과 죄와 싸우는 것입니다. 사도 바울은 결코 죄를 방치해서는 안 된다며, 죄의 삯은 사망이라고 로마서 1장부터 7장까지 길고도 길게 설명했습니다. 그렇다면 죄와 싸워 이기라는 것일까요? 아닙니다. 그의 탄식을 통해 말하고자 하는 것은 사람의 힘으로는 죄를 절대로 이길 수 없다는 것입니다.

너무 흔히 보는 일입니다. 하나님을 알지 못하는 사람들은 죄를 방치하다 망하고, 하나님을 잘 믿는다는 사람들은 이기지도 못할 죄와 싸운답시고 할 일을 하지 못합니다. "곧 내가 원하는 것은 행하지 아니하고 도리어 미워하는 것을 행함이라"(롬 7:15)는 이 말씀에서 예외인 사람은 없습니다. "나는 절대 그렇지 않아. 나는 의지가 강해"라는 것은 교만입니다. 이런 사람들은 반드시 넘어집니다. 내 본성은 악하고 게으르고 연약하고 어리석다는 것을 인정하는 데서부터 하나님의 도우심이 임합니다.

죄의 문제는 오직 예수님께 가야만 해결됩니다. 그런데 깊이 생각해봐야 할 것이 있습니다. 온 세상을 꽃대궐로 만들었던 눈부신 꽃들이 일순간에 사라져버립니다. 바람을 탓할 수는 없습니다. 때가 되면 꽃은 지게 마련입니다. 낙화는 꽃들의 슬픈 운명이 아닙니다. 자연 순환의 일부입니다. 꽃이 져야 열매를 맺습니다. 아름다운 자연도 속내를 들여다보면, 먹고 먹히는 생존경쟁과 적자생존의 법칙이 적용됩니다. 자연이 타락해서 그런 것이 아닙니다. 하나님께서 태초에 그렇게 만드셨습니다. 그렇게 서로 경쟁하며 또 공존하며 열심히 살아서 각자의 생명과 존재를 활짝 드러내라는 것입니다. 자연의 모든 생물들은 하나님께서 정해주신 그 법칙에 순응하며 그렇게 열심히 살아갑니다.

온 우주는 흥망성쇠興亡盛衰의 연속입니다. 이것이 하나님의 창조 법칙입니다. 흥성興盛은 축복이고 망쇠亡衰는 저주가 아닙니다. 그런데 우리 인간들은 오직 흥성에만 초점을 맞추고, 그 흥성도 '거저' 주어지기를 바랍니다. 그렇다면 아무리 신앙생활을 열심히 한다 해도 허상을 좇고 있는 것입니다.

타락하기 전 에덴동산은 어땠을까요? 온갖 먹을 것이 지천에 깔려 있어 의식주 문제는 전혀 걱정하지 않고 그저 이리 뒹굴, 저리 뒹굴, 놀고먹었을까요? 또 걱정 없이 놀고먹는 것이 낙원일까요? 하나님께서 우리에게 주시려는 것이 그런 삶일까요? 또 그렇다고 해서 정말 행복할까요? 그런 것을 바란다면 예수님 근처에도 간 것이 아닙니다.

삼라만상 중 인간은 가장 창조 욕구가 강한 존재입니다. 창조의 원천은 하나님이시며, 우리 인간은 하나님의 자녀들이기 때문입니다. 그 창조력을 발휘하여 하나님의 뜻에 따라 세상을 잘 관리하고 돌보라는 것입니다. 창조력 발휘를 위해서는, 당연히 공부도 해야 하고 생각도 해야 하고 연구도 해야 하고 노동도 해야 합니다.

타락이란 그 창조력을 오직 자신만을 위한, 또 눈에 보이는 현세만을 위한, 또 영혼이나 정신이 아닌 육체의 번영을 극대화하는 데 쓰는 것이며 그것도 최소한의 노력으로 최대한을 얻으려는 것입니다. 가만히 생각해보십시오. 교회에 다니는 사람들은 최소한의 합당한 노력도 하지 않고, 종교행위에만 몰두하며 '거저' 먹으려고 하고 있는 것이 아닙니까? 그런 사람들은 예수님을 전혀 모르는 사람들입니다. 그 잘못을 깨우쳐서 올바로 생명과 시간과 재능을 사용하게 하려고 성경도 주시고 예수님도 오셨습니다.

하나님의 비효율적인 선택

구약성경은 하나님께서 타락한 이 세상에서 어떻게 일하시는지 그 방법을 가르쳐주고 있습니다. 그런데 하나님의 방법은 우리의 생각과 기대와는 전혀 딴판입니다. 필립 얀시는, 하나님은 '천천히' '예측불가능하게' '역설적으로' 움직이신다고 말합니다.

하나님나라를 회복하기 위한 첫 조치로, 아브라함이라고 하는 자식도 없는 75세 된 노인을 택하십니다. 그러고는 그에게 하늘의 별과 해변의 모래처럼 많은 큰 민족이 되리라는 약속과 함께, 땅과 복을 약속하십니다. 우리가 보기에는 가장 비효율적인 선택입니다.

이러한 하나님의 아들이신 예수님도 별반 다르지 않습니다. 예수님께서 산으로 가서 밤새도록 기도하고 열두 제자를 선발하셨습니다(눅 6:12). 그렇게 밤이 새도록 하나님과 상의하신 끝에 선발하신 열두 제자가 영 신통치 않았습니다. 출신부터 하층민이었습니다. 그중 제일 똑똑하다는 가룟 유다는 예수님을 팔아버립니다. 예수님 역시 가장 비효율적인 선택을 하셨습니다. 3년 동안이나 함께 생활하며 그토록 열심히 가르쳤지만, 베드로는 예수님을 저주까지 하며 세 번이나 부인하였고, 예수님이 십자가에 달리자 요한을 제외한 제자들은 도망쳐버렸습니다. 요한도 마리아를 지키기 위해서 할 수 없이 예수님의 임종의 자리에 남은 것입니다.

예수님은 제자들이 그럴 줄 아셨습니다. 그런데 그런 제자들을 위한 조치는 단 하나입니다. "보혜사 곧 아버지께서 내 이름으로 보내실 성령 그가 너희에게 모든 것을 가르치고 내가 너희에게 말한 모든 것을 생각나게 하리라"(요 14:26). 그리고 하나 더 덧붙이셨습니다. "이제부터는 너희를 종이라 하지 아니하리니 종은 주인이 하는 것을 알지 못함이라. 너희를 친구라 하였노니 내가 내 아버지께 들은 것을 다 너희에게 알게 하였음이라"(요 15:15).

성령을 보내신다는 것이나, 그 시원찮은 제자들을 친구라 하신 것이나 모두 단 하나의 목적입니다. 하나님의 깊은 뜻과 사랑을 깨닫게 하기 위해서입니다. 성령은 진리의 영, 하나님의 깊은 뜻을 깨닫게 하시는 영입니다. 그래서 하나님의 뜻을 행하게 하여 하나님과 하나가 되게 하는 영입니다. 이것이 성령님의 가장 큰 사역입니다. 성령을 받고 방언과 병 고침을 받았다고 해도, 하나님의 깊은 뜻과 사랑을 깨닫지 못하면 다시 공포와 불안에 시달리게 됩니다. 하나님의 깊은 뜻을 올바르게 깨달을 때만 비로소 하나님은 내 안에 내재하여 생명의 길을 보이고 나를 격려하십니다.

하나님께서 택하신 아브라함이나 예수님께서 택하신 열두 제자는, 다름 아닌 문제 많고 시원찮고 연약하고 사악하기까지 한 우리, 그러면서도 말 타면 경마 잡히고 싶어 안달하는 욕심 많은 우리입니다. 아브라함과 열두 제자들이 어떤 실수를 하며 어떻게 살았는지 우리는 잘 압니다. 그럼에도 그들은 기독교의 가장 위대한 인물이 되었고, 그들로 인하여 수많은 사람들이 살아났습니다. 그들이 한 일이 무엇입니까? 별로 없습니다. 단지 하나님과 동행하였다는 것입니다.

이들은 우리처럼 스스로 판단하고 행했다가 곤욕을 치릅니다. 하나님께서 구해주고 가르치십니다. 그 가르침을 받아들입니다. 이들도 우리처럼 죄를 범합니다. 하나님께서 용서하고 가르치십니다. 이들도 우리처럼 의문이 생깁니다. 그런데 이들은 하나님께 묻습니다. 하나님은 사건과 고난을 통해 가르치십니다. 이들은 깨달아갔습니다. 그렇게 그들의 삶의 방향이 조금씩 조금씩 수정되어 점점 하나님께로 다가갔습니다.

사도 바울이 탄식에 이어 이렇게 외칩니다. "우리 주 예수 그리스도로 말미암아 하나님께 감사하리로다. 그런즉 내 자신이 마음으로는 하나님의 법을 육신으로는 죄의 법을 섬기노라"(롬 7:25). 이 말씀을, 마음으로 하나님을 섬기니 육체는 죄를 지어도 된다는 뜻으로 오해해서는 절대로 안 됩니다.

아브라함이나 열두 제자나 또 대부분의 우리나 그래도 마음으로는 하나님의 법을 따르려고 합니다. 하나님의 법을 따르려 하는 것은 우리의 공로가 아닙니다. 눈으로는 볼 수 없는 하나님의 법을 깨닫게 하시고 마음으로나마 따르게 된 것도 하나님의 전적인 은혜입니다. 그래서 감사한다는 것입니다. 여전히 죄에는 꼼짝 못하여도, 내 육체는 죄를 지어도 그런 우리를 여전히 사랑하며 용납하고 인도하시는 하나님께 감사한다는 것입니다. 자녀들이 부모의 법과 세상 유혹 사이에서 갈등하는 것을 봅니다. 그래도 부모를 따르겠다고 고민하는 자녀들이 고맙고 대견합니다. 이것이 하나님의 마음입니다.

사도 바울이 자신과 죄를 분리하는 이유는 자신의 허물과 실수를 죄에 전가하려는 것이 아니라, 자신이 도저히 이길 수도 해결할 수도 없는 죄 문제를 하나님께 맡기겠다는 것입니다. 그리고 자신은 마땅히 해야 할 일에 매진하겠다는 것입니다. 죄의 문제를 하나님께 맡길 때 하나님께서 하시는 일을, 사도 바울은 다음과 같이 밝히고 있습니다. "육신을 따르지 않고 그 영을 따라 행하는 우리에게 율법의 요구가 이루어지게 하려 하심이니라"(롬 8:4).

최후의 만찬을 마치고 예수님께서 베드로에게 말씀하셨습니다. "시몬아, 시몬아, 보라. 사탄이 너희를 밀 까부르듯 하려고 요구하였으나 그러나 내가 너를 위하여 네 믿음이 떨어지지 않기를 기도하였노니 너는 돌이킨 후에 네 형제를 굳게 하라"(눅 22:31-32). 이 말씀 이후 예수님과 제자들은 상상을 초월한 사건의 소용돌이 속에 휘말려버립니다. 사탄의 조종을 받은 대제사장 무리가 일으킨 일들입니다. 그런데 예수님은 사탄과 그 졸개무리를 없애는 것이 아니라, 베드로와 제자들의 믿음을 위해 기도하셨습니다. 이 역시 우리가 보기에 가장 비효율적인 대책입니다.

그러나 예수님을 세 번이나 부인한 베드로는 예수님의 기도처럼 되었습니다. 돌이켰고, 믿음을 회복했고, 형제들을 굳게 하는 일에 전 생애를 걸었고, 위대한 사도가 되었습니다. 그는 죄를 방치하지도, 죄와 싸우지도 않았습니다. 예수님께서 맡기신 일을 하기에도 시간이 짧았기 때문입니다. 다만 자신에게 주어진 하나님의 사명을 묵묵히 열심히 감당하였을 뿐입니다.

너무나 느리고 비효율적이고 역설적으로 보이는 하나님의 방법은, 그러나 나를 최고의 자녀로 살게 하는 최선의 길입니다. 우리 일의 청탁淸濁을 가리지 말고 하나님께 감사하며 서로 격려하면서 그 길을 천천히, 열심히 갑시다. 가다 보면 하나님의 열심이 연약하고 어리석고 사악한 나를 조율하고 변화시키며 마침내 하나님의 일을 이루십니다. 그것을 아는 하나님의 사람들은 "어디까지 가야 하는 거야?"라고 묻지 않습니다. 대신 "어디까지 가게 될까?"라는 기대를 갖습니다.

인생이란 좋은 스승을 만나 그분과 천천히 걷는 것이고, 예수님이 바로 그분이십니다. 내 곁에 다가오신 그분께 무한한 감사를 드립니다.

하나님께서는 연약하고 어리석은 사악한 우리,
미덥지 못한 우리를 예수 그리스도와 함께 묶어주셨습니다.
우리가 고난을 당합니다.
이미 예수님이 고난의 현장에 와 계십니다.

12

우리 영과 더불어

롬 8:11-17

양자 삼아주셨기에

미국 볼티모어에 사는 70세의 올로 니콜스 부부는 시각장애인입니다. 젊은 시절, 사랑에 빠진 두 사람은 결혼을 하고 미래에 대해서 많은 생각을 한 끝에 입양을 하기로 하였습니다. 그리고 모두 네 명의 한국 고아를 입양해서 키웠는데 놀라운 사실은 모두 다 시각장애인이라는 것입니다. 거기에는 더욱 놀라운 이유가 있습니다. 자신들은 시각장애인인데, 장애가 없는 아이를 낳아 키우기보다는, 시각장애인 아기들을 데려와 키우는 것이 더 적합하다고 생각한 것이었습니다.

마음만 있다고 입양할 수 있는 것이 아닙니다. 무엇보다 직업이 있어야 합니다. 니콜스 씨는 열심히 공부하여 석사 학위를 따고 연방정부 사회복지 직원이 되었고, 평생을 성실히 살았습니다. 그런데 그런 그에게 하나님은 격려나 칭찬은커녕 더 힘든 일을 맡기셨습니다. 마지막으로 입양한 사라가 심한 자폐증을 앓는 정신지체아로 판명난 것입니다. 현재 30세인 사라의 정신연령은 2세로, 여전히 기저귀를 갈아주어야 합니다. 30년 동안 그렇게 하였고, 앞으로도 그렇게 해야 합니다. 그런데 사라를 돌보는 니콜스 씨 부부의 얼굴에는 귀찮은 기색 하나 찾을 수 없었습니다. 오히려 사라를 바라보는 표정에는 사랑으로 가득합니다.

큰딸 엘렌이 한인교회 교인들 앞에서 노래를 부릅니다. "나, 남이 듣지 못한 음성 들었고, 남이 받지 못한 사랑 받았네." 천상의 목소리입니다. 눈물이 저절로 흘렀습니다. 엄마아빠의 사랑을 듬뿍 받으며 아빠의 가르침대로 하나님께 감사하며 하나님의 은혜를 의지하며 살아온 엘렌은 좋은 남자를 만나 결혼하여 토실토실한 아들을 낳고 잘 살고 있습니다. 사라만 빼고 모두 자립하여 각자 직업을 갖고 열심히 살아갑니다. 어떻게 이런 일을 하게 되었느냐는 질문에, 니콜스 씨는 이렇게 말합니다. "우리도 하나님께서 입양해주셨습니다. 저도 그렇게 한 것입니다."

사도 바울이 말합니다. "너희는 다시 무서워하는 종의 영을 받지 아니하고 양자의 영을 받았으므로 우리가 아빠 아버지라고 부르짖느니라"(롬 8:15). 양자의 영을 받았다는 것은, 하나님께서 우리를 입양하셨다는 말입니다. 이 말씀은, 우리 인간들의 아둔함과 어리석음을 단적으로 드러내고 있습니다. 원래 모든 인간은 하나님의 형상으로 창조된 하나님의 자녀입니다. 그런데 "너희가 그것을 먹는 날에는 너희 눈이 밝아져 하나님과 같이 되어 선악을 알 줄 하나님이 아심이니라"(창 3:5)는 사탄의 말을 듣고, 그 실과를 먹어버렸습니다. 이것은 하나님께서 나의 아버지 됨을 인정하지 않고, 내 스스로 하나님이 되겠다는 뜻입니다. 그러고는 내 욕망대로, 내 뜻대로 살게 되었습니다.

그 결과는 두 가지로 나타납니다. 첫째, 영이신 하나님이 나의 아버지임을 잊었습니다. 둘째, 능력도 자격도 없이 욕심만 가득한 하나님이 된 수억만의 인간들은 한편으로는 개구리마저 신으로 섬기며, 세상을 양육강식의 아수라장으로 만들어버렸습니다. 강자는 또 다른 강자에 의해 멸망하고, 파괴의 순환이 끝없이 이어졌습니다. 그 배후에는 팔짱을 끼고 회심의 미소를 짓고 있는 사탄이 있습니다. 사탄은 손끝 하나 까닥하지 않고, 선물로 주신 이 아름다운 세상이, 아버지를 잃어버린 고아들에 의해 파괴되는 것을 보기만 하면 됩니다.

하지만 보고만 계실 하나님이 아닙니다. 당시 욕망의 최고봉을 누리던 이집트의 비참한 노예로 430년을 살던 이스라엘 백성들을 택하여 하나님의 제사장 나라로 삼기로 하셨습니다. 이스라엘을 택하신 이유는, 가장 보잘것없는 존재라도 하나님을 믿고 따를 때 어떻게 되는지 보여주시기 위함입니다. 하나님은 열 가지 재앙으로 이집트를 굴복시키십니다. 마지막 재앙으로 어린 양의 피를 문설주와 인방에 바르게 하셨고, 그 명령을 지키는 가정의 맏아들은 살려주고 그렇지 않은 가정의 맏아들은 죽이셨습니다. 장자를 잃은 파라오는 마침내 하나님께 굴복하고 이스라엘 백성들을 내어놓습니다.

바야흐로 새로운 땅 가나안으로의 여정이 시작되려는 때, 하나님께서 새로운 명령을 내리십니다. "이스라엘 자손 중에서 사람이나 짐승을 막론하고 태에서 처음 난 모든 것은 다 거룩히 구별하여 내게 돌리라. 이는 내 것이니라"(출 13:2). 이집트는 당시 소유를 극대화한 최고 강대국이고, 이스라엘은 그들의 노예입니다. 이집트는 이스라엘의 무서운 주인입니다. 그런데 하나님께서 이집트를 굴복시키셨습니다. 하나님이 이스라엘의 새로운 주인으로 등장한 것입니다. 그런데 모든 사람들과 동물들의 장자를 하나님께 바치라는 것입니다. 그래도 이집트는 맏아들을 각 가정의 장자로 인정해주었습니다. 이스라엘 백성들이 보기에 하나님은 장자마저 빼앗는 더 무자비한 주인입니다.

과연 하나님이 그런 분일까요? 절대로 아닙니다. 이집트는 노동력이 필요한 세상 나라이지만, 하나님은 노동력이 필요 없습니다.

하나님은 우리의 충성이나 봉사가 필요 없는 분입니다. 그럼에도 왜 맏아들을 바치라는 것일까요? 맏아들은 그 집안을 대표합니다. 그런 맏아들을 하나님께 바치면 그 집안 전체가 하나님의 것이 되고, 그렇게 되면 이스라엘의 모든 가정은 하나님 아버지를 정점으로 하는 한 가족이 됩니다. 여호와 하나님은 군주에서 아버지로 바뀝니다. 이것이 바로 "너희는 다시 무서워하는 종의 영을 받지 아니하고 양자의 영을 받았다"는 뜻입니다.

젖과 꿀이 흐르는 가나안으로 가는 여정은 험난합니다. 도저히 건널 수 없는 홍해와 위험과 난관으로 가득한 광야가 있습니다. 그곳을 하나님께서 아버지가 되셔서, 그 자녀인 이스라엘 백성들을 보호하고 공급하고 인도하겠다는 것입니다. 세상은 광야와 같습니다. 하나님께서 우리의 부모가 되셔서 인도하겠다는 것입니다. 여기까지 이해가 되십니까? 하나님 아버지의 간절한 바람이 여러분의 마음에 와 닿습니까? 여러분이 하나님의 자녀라는 사실이 믿어집니까? 그렇다면 여러분은 양자의 영을 받은 것입니다.

양자의 영은 바로 성령이십니다. 그렇다면 성령을 받은 것입니다. 기독교의 가장 큰 오해는, 성령을 받는 것을 대단한 특권으로 생각하여, 그 사람만이 택함을 받아 하나님의 자녀가 된다고 생각하는 것입니다. 하나님을 믿든지 안 믿든지 원래부터 모든 인간은 하나님의 자녀입니다. 성령은 하나님의 깊은 뜻을 깨닫게 하고, 하나님과 하나가 되게 하는 영입니다. 생명의 원천인 하나님과 하나가 되면 그 사람은 살아납니다. 그래서 성령을 "살리는 영", "생명의 영"이라고 부릅니다.

아빠 아버지

여러분에게 하나님은 누구입니까? 도저히 가까이 가지 못하는 무서운 존재입니까, 아니면 아버지입니까? 그렇게 구원을 받고 가나안 땅에 정착한 이스라엘 백성들은, 그러나 하나님을 부모로 생각하지 않고, 거룩하여 가까이 갈 수 없는 존재로 여겼습니다.

히브리어는 원래 모음 자체가 없었습니다. 자음으로만 되어 있던 것을 마소라 학파가 히브리어 발음을 보존하고, 발음할 수 있도록 돕기 위해 고안해낸 것이 지금의 모음 체계입니다. 엄격하게 말해서 '모음'이라기보다는 '모음 기호'라고 하는 게 더 정확한 표현일 것입니다. 하나님이 모세에게 알려준 이름이 YHWH였는데, 이것을 기록으로 남기기는 했으나 그 어느 누구도 감히 거룩한 하나님의 이름을 직접 발음하지는 못했습니다. 그냥 '아도나이'라고만 했습니다. '주님'이라는 뜻입니다. 히브리어로 기록된 구약성경을 전수한 주후 9세기경의 유대 마소라 학자들도 성경을 필사할 때 하나님의 네 자음을 그대로 쓰기는 했으나 그것을 절대 발음하지는 않았습니다. 후대의 사본에서 유대인 서기관들은 '아도나이'를

YHWH 위에 아주 작게 표시했는데, 이는 다른 단어로 읽어야 함을 지시하기 위해서였습니다. 하지만 서구의 번역자들은 이 표식이 YHWH의 잃어버린 모음이라고 착각해, YHWH라는 네 자음에 '아도나이'의 모음을 붙여 '야훼'라고 부르게 된 것입니다. 그러니까 본래의 자음들과 대체 모음들의 혼합물인 셈입니다. 이 정도로 하나님에 대하여 두려움과 떨림으로 나아갔던 것입니다.

양자의 영을 받았으면, 하나님이 주인이 아니라, 부모가 됩니다. 어린 자녀들은 아버지를 '아빠'라고 부릅니다. 개역한글판 성경의 '아바 아버지'가 바로 '아빠'입니다. 예수님은 야훼 하나님을 '아빠 아버지'라고 불렀습니다. 그러자 종교지도자와 바리새인들은 거룩하신 하나님을 아빠라고 부른다며 불경죄를 걸어 십자가에 매달아 버렸습니다. 야훼 하나님이 바로 우리의 아빠라는 사실을 알리기 위해 오신 예수님을 십자가에 매단 것입니다.

앞서 말했듯이 구약의 제사는 '코르반'으로, 그 뜻은 '가까이 가다', '친밀해지다'입니다. 예배란 6일 동안 떨어져 지내던 야훼 하나님을 '아빠'라 부르며, 가까이 가서 위로 받고 격려 받고 친밀해지는 시간입니다. 그런데 요즈음 예배당에 들어가면 숨소리조차 크게 못 내게 합니다. 정장을 입고 엄숙한 표정으로 앉아 있어야 합니다. 강단은 너무나 거룩해서 안수 받은 목사와 장로들만이 오를 수 있다고 합니다. 다시 잘못된 유대교로 돌아가는 것입니다. '아빠'라는 최고로 살가운 하나님과의 관계를, 오늘날의 종교지도자들이 다시 떼어놓는, 참으로 잘못된 것입니다.

우리는 원래 하나님의 자녀입니다. 그것을 회복시키려고 양자를 삼는 절차를 거친 것입니다. 그러나 이런 절차는 사실상 필요치 않습니다. 수십 년 동안 고아로 살았더라도, 부모의 얼굴을 보는 순간 저분이 내 부모님이라는 것을 본능적으로 압니다. 내 영이 살아야 하나님을 알아보는 것이 아니라, 영이신 하나님이 내 아버지라는 것을 깨닫는 순간 죽었던 내 영이 살아나는 것입니다.

사도 바울이 말합니다. "성령이 친히 우리의 영과 더불어 우리가 하나님의 자녀인 것을 증언하시나니"(롬 8:16). 이 말씀은, 우리를 향하여 야훼 하나님께서 "너희는 바로 내 자녀들이란다"라고 하신다는 뜻입니다.

> "아, 내가 정말 하나님의 자녀일까? 믿어지지 않아. 성령을 받고 방언이라도 터져야 믿겠는데."
>
> "꿈속에서라도 음성을 들려주세요. 그래야 믿겠습니다."
>
> "나는 예수님을 믿고 하나님의 자녀로 택함을 받은 특별한 존재다. 그러나 너희는 아니다."

교회에서 흔히 하고 듣는 말들입니다. 그러나 그래서는 안 됩니다. 하나님께서 자녀라고 하면 자녀입니다.

예수님과 함께 묶인 우리

그런데 하나님의 자녀라고 말로만 하면 안 됩니다. 그래서 사도 바울이 말합니다. "자녀이면 또한 상속자 곧 하나님의 상속자요, 그리스도와 함께한 상속자니"(롬 8:17). "그리스도와 함께한 상속자"는 'The joint-heirs with Jesus Christ'입니다. 단순한 공동상속인이 아닙니다. 부자 아버지가 아들 둘에게 'joint heir'로 묶어 엄청난 유산을 남겼습니다. 그런데 큰 아들이 재산을 다 날려버렸다고 합시다. 억울하지만 동생도 함께 망합니다. 동생이 다시 재기하여 더 큰 재산을 모았습니다. 형이 밉지만 그 재산을 함께 누려야 합니다. 이것이 바로 'joint-heirs'의 법적 효력입니다.

하나님께서는 연약하고 어리석은 사악한 우리, 미덥지 못한 우리를 예수 그리스도와 함께 묶어주셨습니다. 우리가 고난을 당합니다. 이미 예수님이 고난의 현장에 와 계십니다.

우리가 잘해서 구원 받고 부활하는 것이 아니라, 우리와 함께 묶어준 예수님이 부활 승천하여 하나님나라에 계심으로 우리 또한 부활하는 것입니다. 왜 이렇게까지 하셨을까요? 놀고먹으라고요? 절대로 아닙니다. 제대로 된 부모라면 아무리 부자라고 하더라도 자녀들이 놀고먹는 것을 그냥 놔두지 않습니다. 하나님은 우리보다 우리가 제대로 살기를 원하십니다. 하나님의 자녀답게!

1944년 메리온 웨이드라는 청년은 한 연구소 연구원이었는데,

실험 중 화학약품이 폭발하여 실명하고 말았습니다. 그는 절망 가운데 기도했습니다. "이제 제힘으로 살지 못합니다. 하나님 도와주십시오."

기도 중 스치는 생각이 있었습니다. 시각장애인들은 집안 청소와 관리를 할 수 없다는 것입니다. 그 생각을 사업으로 발전시켜 1947년에 '서비스 마스터'란 회사를 설립하였습니다. 이 회사의 경영 원리는 고린도전서 10장 31절 말씀입니다. "그런즉 너희가 먹든지 마시든지 무엇을 하든지 다 하나님의 영광을 위하여 하라." 그는 이 말씀을 사업에서 실천했습니다. 그리고 인간은 하나님의 형상대로 지음 받은 존귀한 존재라는 사실에 근거하여 인간 존중의 경영철학에 입각하여 종업원과 고객을 함께 만족시킨다는 원칙에 충실했습니다.

나날이 발전하여 현재 40여 개 국가에서 연매출 90억 달러를 올리고 있습니다. 메리온 웨이드로 인하여 수많은 종업원들과 고객들이 행복해졌습니다. 그는 마침내 소금과 빛이 되었습니다. 올로니콜스 부부나 메리온 웨이드나 하나님께서 이미 자신 안에 가득 채워놓은 재능을 계발하고 발휘한 것입니다.

"버스 탈 줄 알고 전화 걸 줄 알고 입에 밥을 떠 넣을 줄 아는 사람이라면 자신의 인생을 운전할 수 있습니다. 왜 할 수 없다고 생각하는 거죠?" 영어 한 마디 못하고 미국에 가서 미국인과 결혼했지만 두 번이나 아이를 잃고 이혼한 김태연 씨가 한 말입니다. 현재 그녀는 세계적인 반도체 회사인 라이트 하우스를 비롯해 6개 회사를 소유한 TYK 그룹의 회장입니다.

하나님의 자녀들은, 하나님의 복을 기다리지 않습니다.

하나님의 자녀들은, 어떤 경우에도 욕심을 부리거나 불의한 일에 개입하지 않습니다.

하나님의 자녀들은, 실패할까 두려워하지 않습니다.

하나님의 자녀들은, 고난을 두려워하지 않습니다.

하나님의 자녀들은, 고난을 통하여 오히려 자신을 교정하고 지혜를 배웁니다. 언제나 예수님이 나와 함께 계셔서 나를 도우시며, 반드시 함께 하나님의 찬란한 영광에 들어갈 것을 알기 때문입니다.

하나님께서 만들어주신 이 아름다운 세상에서 하나님의 자녀답게 당당하게 열심히 신나게 살아봅시다.

흔히 사람들은 각자가 처해 있는 불행한 상황에 대해 탄식합니다.
내 코가 석자인데 남의 탄식, 자연이나 동식물의 탄식까지
귀를기울일 여유가 없다고 말합니다.
그런데 바로 그 이유 때문에 삶이 황폐해지는 것이 아닐까요?

13

우리는 모두 영적 맏아들입니다

롬 8:26-30

탄식소리에 귀 기울이는

1988년 마이크로소프트 중국지사에서 이사로 재직하던 존 우드는 매일 엄청난 양의 업무를 소화해야 하는 격무에 시달리고 있었습니다. 스트레스에서 벗어나기 위해 히말라야의 오지 네팔로 떠났습니다. 숙소에서 한 남자를 만났는데, 그 사람은 네팔의 교육담당관 디네슈였습니다.

그를 따라 하루 종일 걸어 히말라야 오지의 한 초등학교를 방문하였습니다. 그 학교는 좀 나은 편이라는데도 사정은 기가 막혔습니다. 교실은 흙바닥이었고, 좁은 공간에서 70명의 학생이 책상도 부족해서 무릎에 책을 올려놓고 공부하고 있었습니다. 도서관을 가보니 책을 캐비닛 안에 두고 자물쇠로 잠근 채 보관하고 있었습니다. 몇 권 안 되는 책이 훼손될까 그렇게 한다는 것입니다. 그나마 책도 등산객들이 놔두고 간 것들이었습니다. 등산객들은 그곳의 실정에 가슴 아파하면서 책을 보내주겠다는 약속을 하고 떠나지만 그 약속을 지킨 사람들은 거의 없었습니다.

휴가에서 돌아온 존 우드는 300명의 지인들에게 이메일을 보냈고 3,000권의 책을 모았습니다. 이듬해 그는 그 책을 들고 다시 그 학교를 방문했습니다. 그리고 두 번째 여행에서 자신의 인생을 어디에 걸어야 할지 결정하였습니다. 회사로 돌아온 그는 사표를 내고 오지마을에 도서관과 학교를 짓고 책을 보내는 '룸투리드Room to Read' 재단을 설립하였습니다. 룸투리드는 현재까지 10,000개의 도서관과 학교를 지었습니다. 존 우드는 올바른 기부문화를 위해 다음과 같은 원칙을 세웠습니다.

첫째, 베푸는 즐거움을 알려줍니다. 우리가 잘사는 이유는 교육에서 온 것입니다. 이제 그것을 갚을 좋은 기회가 왔다는 것을 강조합니다. 둘째, 그 결과를 후원자들에게 보여줍니다. 자신들이 기부한 돈이 어디로 가는지 몰라 기부를 꺼리는 사람들이 많습니다. 기부금의 용처를 정확히 밝히고 원할 경우 학교와 도서관을 방문할 기회를 만들어줍니다. 셋째, 최소한의 경비를 씁니다. 관리비용을 최소한으로 줄이고 기부금이 프로젝트에 최대한 사용되도록 합니다.

존 우드가 말합니다. "우리의 일은 스타벅스보다 훨씬 더 빨리 진행되고 있습니다. 스타벅스가 6년 동안 500개의 매장을 열었는데, 우리는 그동안 3,000개의 도서관을 세웠습니다. 자선사업을 하기 위해 빌 게이츠나 워런 버핏이 될 필요는 없습니다. 세상을 변화시키는 데는 생각보다 그리 큰돈이 들지 않습니다. 한 어린이가 1년 동안 공부하는 데 드는 비용은 250달러이며, 2,000달러면 도서관 하나, 10,000달러면 학교 하나를 세울 수 있습니다." 그는 수백만 달러의 연봉을 받을 때보다 훨씬 더 행복하고 보람 있는 삶을 누리고 있습니다.

사도 바울이 말합니다. "피조물이 고대하는 바는 하나님의 아들들이 나타나는 것이니 … 그 바라는 것은 피조물도 썩어짐의 종노릇 한 데서 해방되어 하나님의 자녀들의 영광의 자유에 이르는 것이니라. 피조물이 다 이제까지 함께 탄식하며 함께 고통을 겪고 있는 것을 우리가 아느니라"(롬 8:19-22). 여기서 피조물들이란 자연과 동식물들뿐만 아니라, 다른 사람들까지도 포함합니다. 진정한 하나님의 사람들은 피조물들의 탄식에 귀를 기울이는 사람들입니다. 존 우드가 그리스도인인지는 잘 모르겠습니다. 그러나 그는 피조물들의 탄식소리를 듣고 온몸으로 반응한 사람입니다.

흔히 사람들은 각자가 처해 있는 불행한 상황에 대해 탄식합니다. 내 코가 석 자인데 남의 탄식, 자연이나 동식물의 탄식까지 귀를 기울일 여유가 없다고 말합니다. 그런데 바로 그 이유 때문에 삶이 황폐해지는 것이 아닐까요? 배우 차인표는 가난한 나라의 어린이들을 돕는 일에 앞장서고 있습니다. 어느 TV 프로그램에서 자신이몸담고 있는 단체의 일과 자신의 변화와 기쁨에 대해서 설명했습니다. 이후 그 단체에 기부자들이 많이 늘었습니다. 연예인 이효리는 유기견들을 돌보는 일을 하다가 더 큰 것을 경험했습니다. 구제와 기부만을 말하는 것이 아닙니다. 사업도 마찬가지입니다. 수많은 상품들이 다른 사람들을 돕기 위해서 탄생하였습니다. 한 아기 엄마는 유기농 이유식 사업을 시작하여 보람 있는 삶을 살고 있습니다.

다른 사람들의 탄식, 자연과 동식물의 탄식에 귀를 기울일 때, 내 탄식은 멈추고, 시야가 열린다는 사실을 잊어서는 안 됩니다. 하나님께서 하나님의 형상으로 우리를 창조하신 후, 복을 주면서 말씀하셨습니다. "생육하고 번성하여 땅에 충만하라, 땅을 정복하라, 바다의 물고기와 하늘의 새와 땅에 움직이는 모든 생물을 다스리라"(창 1:28). '다스리다'에 해당되는 히브리어는 '라다'인데 '군림하고 통치하다'는 뜻이 아니라, '돌보다', '살게 하다'라는 뜻입니다. 즉 다른 피조물들을 돌보고 살게 하면, 하나님께서 복을 주셔서 생육하고 번성하고 땅에 충만하게 된다는 것입니다. 존 우드의 룸투리드가 살아 있는 증거입니다.

20세기의 멘토라 불리는 피터 드러커가 "앞으로의 기업은 NGO

처럼 바뀔 것이다"라는 말을 하였습니다. NGO는 세계의 소외된 사람들을 돕는 단체입니다. 이윤 극대화가 목표인 기업이 그처럼 운영된다는 것은 실현이 요원한 꿈 같은 이야기로 들립니다. 그런데 기업들의 광고를 눈여겨보면 그 변화를 감지할 수 있습니다. 기업들의 속내는 어떨지 몰라도 겉으로는 인류복지와 자연보호를 표방하고 있고, 또한 공정 무역회사나 사회적 기업 등 가난한 99퍼센트를 위한 기업들이 속속 등장하고 있습니다. "퍼주고 망한 가게가 없다"는 말이 있습니다. 사실입니다. 이제는 하나님의 사랑으로, 따뜻한 마음으로 자연을 사랑하는 사람들이 좋은 사업을 할 수 있는 시대가 왔습니다. 돌보고 베푸는 마음으로 직업을 찾아보고 아이디어를 발굴하고 기업을 세우십시오. 보람과 행복을 반드시 누리게 될 것입니다.

우리 몸의 속량을 기다리며

하나님의 자녀들은 다른 피조물들의 탄식소리에 귀를 기울일 뿐만 아니라, 나아가서는 자신의 탄식에도 귀를 기울입니다. 그러나 그 탄식은 현재에 대한 불만이나 신세타령이 절대로 아닙니다. 사도 바울이 성도들이 귀를 기울여야 하는 탄식에 대해서 다음과 같이 말합니다. "우리 곧 성령의 처음 익은 열매를 받은 우리까지도

속으로 탄식하여 양자 될 것 곧 우리 몸의 속량을 기다리느니라"(롬 8:23). 성도들의 탄식은 세상 사람들의 탄식과 그 차원이 다릅니다. 세상 사람들은 자신의 불행과 허무에 탄식하지만, 성도들은 "양자 될 것, 곧 우리 몸의 속량을 기다리며" 탄식합니다.

하나님의 자녀들이 편안함과 무병장수, 부귀영화를 구할 때, 경박하고 저급하고 처량한 신세로 전락합니다. 이것이 오늘날 한국교회가 사회로부터 신뢰를 잃어버린 가장 큰 원인입니다. "만일 그리스도 안에서 우리가 바라는 것이 다만 이 세상의 삶뿐이면 모든 사람 가운데 우리가 더욱 불쌍한 자이리라"(고전 15:19). 정말 그렇습니다. 진정한 하나님의 자녀들은 더욱 높고 고상한 것을 추구합니다.

정신과의사 문요한 씨의 글 중에 〈공갈 젖꼭지〉가 있습니다. 그 내용은 이렇습니다. 아기가 울면 공갈 젖꼭지를 물립니다. 아기가 우는 이유는 다양합니다. 그것을 알고 해결해주어야 하는데, 그냥 그렇게 합니다. 하지만 이것은 가짜 위안입니다. 커서도 그렇습니다. 어린이들에게 게임기는 공갈 젖꼭지입니다. 어른들도 마찬가지입니다. 문제를 직시하고 해결하려고 하지 않고 도피해버립니다. 게임, 음식, 쇼핑, TV, 알코올 등이 어른들의 공갈 젖꼭지입니다. 그가 말합니다. "공갈 젖꼭지를 떼고 자신의 내면과 마주해야 합니다. 힘들어도 자신을 보살피는 마음으로 스스로에게 필요한 것이 무엇인지 물으면, 진짜 위안을 받는 새로운 삶으로 나아갈 수 있습니다. 우리에게는 더 나은 삶을 원하는 '향상심向上心'이 있기 때문입니다."

'향상심' 성도들, 하나님의 자녀들의 여정은 저 높은 곳을 향해 가는 것입니다. 그 길은 험하고 높습니다. 그 길을 걷는 것은 거저 먹기가 아닙니다. 날마다 싸우며 가는 길입니다. 누구와 싸웁니까? 사탄? 아닙니다. 내 자신과의 싸움입니다. 자꾸 주저앉으려는 내 자신과의 치열한 싸움입니다. 그래서 주님의 인도가 언제나 간절합니다. 사도 바울이 말합니다. "우리가 소망으로 구원을 얻었으매 보이는 소망이 소망이 아니니, 보는 것을 누가 바라리요. 만일 우리가 보지 못하는 것을 바라면 참음으로 기다릴지니라"(롬 8:24-25).

미국 남부 노예들의 종교를 연구한 앨버트 라보토 박사는 1847년 버지니아 주 노예 비밀 기도모임에 대하여 다음과 같이 말합니다. "노예들은 습지에 몰래 모여 나무에 찍힌 표시를 따라 지정 장소에 모입니다. 그들은 한 주간 동안 당했던 구타와 잔혹행위 등을 서로 나눕니다. 그리고 기도회가 시작됩니다. 기도 중에는 결코 원망이나 한탄이나 억울함을 토로하지 않습니다. 이 모든 역경을 견디게 하신 하나님께 감사드리고 마지막으로 이렇게 외칩니다. '하나님 감사합니다. 우리는 이곳에서 영원히 살진 않을 것입니다.'"

리처드 백스터가 쓴 《성도의 영원한 안식》이라는 기독교 고전이 있습니다. 그가 살던 17세기 런던에서는 주민의 4분의 1이 대역병으로 목숨을 잃고, 건물의 3분의 1이 화재로 소실되었습니다. 내전으로 온 나라가 초토화되고, 그 와중에 종교분쟁으로 70대의 백스터는 감옥에 수감되었습니다. 백성들도 먹을 것이 없는데 감옥은 오죽했겠습니까? 불결하고 추운 감옥에서 굶기를 밥 먹듯이 하면서 리처드 백스터는 《성도의 영원한 안식》을 씁니다. 그런데 그 책 어디에도 탄식이나 원망이나 불평은 한 마디도 없습니다. 그는 이렇게 말합니다. "영원한 안식을 최종 목표로 정하면, 현재의 고난은 전혀 다르게 보입니다."

"몸의 속량을 기다린다"는 것은, 내 몸이 욕망을 따라 욕심을 따라 움직이는 것을 멈추고, 의의 무기로 하나님의 도구로 순응하는 때를 기다린다는 뜻입니다.

요셉은 형들의 미움을 받아 이집트의 노예로 팔려갑니다. 그러나 원망을 멈추고 주인을 위하여 성실히 일했습니다. 안주인의 유혹을 거절한 대가로 감옥에 수감됩니다. 그러나 탄식과 원망을 멈추고 감옥에서도 성실히 살았습니다. 훗날 이집트의 국무총리가 되었으나 목에 힘을 주지 않았습니다. 형들에게도 복수하지 않았습니다. 자신의 지위와 권력을 사람을 살리는 일에 집중시켰습니다. 요셉은 언제나 몸의 속량을 실천하였고 마침내 최고의 인간이 되었습니다.

하나님의 자녀들은 성령의 탄식소리에 귀를 기울입니다. 성령의 소리에 가장 민감했던 사도 바울이 말합니다. "이와 같이 성령도 우리의 연약함을 도우시나니 우리는 마땅히 기도할 바를 알지 못하나 오직 성령이 말할 수 없는 탄식으로 우리를 위하여 친히 간구하시느니라"(롬 8:26). 그래도 올바로 제대로 살아보겠다고 애쓰는 연약한 우리를 돕기 위하여 성령 하나님께서 친히 간구해주십니다. 그러므로 걱정하지 않아도 됩니다. 성령의 소리에 귀를 기울이며 어떤 난관도 넘어가는 하나님의 자녀들은 걱정하지 않아도 됩니다. 고난과 역경, 슬픔과 아픔까지도 합력하여 선을 이루어내기 때문입니다. "우리가 알거니와 하나님을 사랑하는 자 곧 그의 뜻대로 부르심을 입은 자들에게는 모든 것이 합력하여 선을 이루느니라"(롬 8:28).

무엇을 탄식하고 계십니까? 가난, 질병, 역경, 슬픔, 불행, 무기력에 탄식하고 계십니까? 아닙니다. 하나님을 사랑하는 하나님의 자녀들은 오히려 그것을 통하여 나를 훈련하고 강화하고 교정하고 마침내 완성하시는 하나님의 사랑의 손길을 보고, 이를 받아들여야 합니다. 이런 과정을 통하여 마침내 하나님의 사람은 모든 사람 중에 맏아들이 됩니다. 맏아들은 두 배의 상속이 주어집니다. 그래서 그 하는 일이 저절로 형통합니다.

우리 하나님 아버지께서 하시는 일은 사람들의 예상과 상상력을 언제나 뛰어넘습니다. 그러므로 하나님의 자녀인 우리가 해야 할 일은 많지 않습니다. 걱정과 신세한탄을 멈추고 다른 이들과 피조물들의 탄식에 귀를 기울이며, 성령의 인도하심을 묵묵히 따르는 것입니다.

이사야 선지자가 하나님의 약속을 전합니다. "오직 너희는 여호와의 제사장이라 일컬음을 받을 것이라. … 너희가 수치 대신에 보상을 배나 얻으며 능욕 대신에 몫으로 말미암아 즐거워할 것이라. 그리하여 그들의 땅에서 갑절이나 얻고 영원한 기쁨이 있으리라" (사 61:6-7).

잊지 마십시오, 영적 맏아들에게는 갑절의 보상이 있습니다.

이 땅뿐 아니라 저 하늘에서도.

14

우리가 넉넉히 이기느니라

롬 8:33-39

그냥 해보는 거예요

작년 여름 양성윤 씨는 초등학생 아들과 함께 영국을 여행하던 중, 우연히 프리미어리그 풀햄에서 하는 어린이 축구학교의 단기 축구 프로그램에 참가하게 되었습니다. 평소 축구라면 껌뻑 넘어가는 아들은 흥분해서 방방 뛰었습니다. 학부모를 초대해서 경기하고 수료증을 준다기에 양성윤 씨는 부랴부랴 축구장에 갔습니다. 아들은 열심히 뛰어다니며 영국 아이들에게 말을 걸려고 애를 썼습니다. 그러나 영국 아이들은 상대해주지 않았고, 그런 아들의 모습이 안쓰러웠습니다. 경기가 시작되고 얼마 지나지 않았는데 골키퍼를 맡은 아들이 네 골이나 먹었습니다. 하지만 아들은 얼굴이 벌겋게 달아오르긴 했어도 전혀 기죽지 않고 소리를 질러가며 경기에 임했습니다. 경기 내내 또 경기가 끝나고도 아들은 열심히 영국 아이들에게 서툰 영어로 말을 걸었습니다. 하지만 영국 아이들은 심드렁하게 들은 척 만 척하였습니다. 얼마나 아들이 무안하고 좌절감을 느낄까 생각하니 마음이 아팠습니다.

숙소로 돌아오는 길에 아들에게 물었습니다. "요한아, 왜 애들에게 계속 말을 걸었어? 자기네끼리만 친하고 너한테는 별로 말을 안 하던데?" 그러자 아들이 대답했습니다. "엄마, 애들은 원래 그런 거야. 좀 있으면 다 친해져."

한국에 돌아온 후 담임선생님에게서 전화를 받았습니다. 아들이 전교 부회장 선거에 출마했다는 것입니다. 물론 떨어졌습니다. 그러나 낙선의 쓴맛이 채 가시기도 전에 이번에는 학교 음악제에 나간다는 것이었습니다. 그래서 아들에게 물었습니다. "왜 자꾸 엄마 아빠에게 얘기도 안 하고 혼자 일을 벌이는 거야?" 그러자 아들이 대답했습니다. "엄마, 그냥 해보는 거예요. 그러면 안 돼요?"

나중에 전해들은 이야기인데 아들이 부회장 후보 연설에서 이렇게 말했다고 합니다. "시도도 해보지 않고 포기하는 것이야말로 가장 나쁜 실패라고 생각합니다." 그 말을 듣고 양성윤 씨는 웃음이 나왔고 또 눈물도 나왔답니다. 참고로 양성윤 씨는 '세계로 가는 아이들'이라는 단체의 대표입니다. 아들 요한이야말로 세계로 가는 아이들의 대표주자입니다. 요한이가 공부를 잘하든 못하든 뭐가 될 것 같지 않습니까? 반드시 그럴 것입니다.

사도 바울은 우리가 당해야 하는 역경들을 나열하고 있습니다. 환난, 곤고, 박해, 기근, 적신, 위험, 칼… 어느 것 하나 마음에 드는 것이 없습니다. 이 모든 것들은 어떻게든 피해야 할 것들이며, 피하지 못해 당하게 되면 내 인생이 망가진다고 생각하는 것들입니다. 사람들이 사는 모습들을 살펴보십시오. 인생을 권투경기로 치자면, 대부분의 사람들은 한사코 도망 다니거나 어쩔 수 없는 의무 방어전만 치르다 끝납니다. 당당히 맞서서 싸우는 사람들을 찾아보기 힘듭니다. 그런데 불의와 타협하지 않고 인생의 풍파에 당당히 맞서는 사람치고 제대로 살지 않는 사람이 없다는 사실을 우리는 다 압니다. 아는데도 하지 않는 우리를 보시면서 하나님 우리 아버지는 얼마나 답답해하실까요?

하나님의 보장

로마서 8장처럼 하나님의 자녀에 대해서 자세히 명확하게 설명한 곳은 없습니다. 하나님의 영으로 인도함을 받는 사람이 곧 하나님의 자녀입니다. 하나님의 영으로 인도함을 받는 것은 특별한 일이 아닙니다. 성경말씀이 곧 하나님의 말씀임을 믿고 "너는 하나님의 자녀로 창조되었다"고 하면 "아멘"으로 받아들이면 됩니다. 이 자체가 하나님의 가장 큰 선물입니다. 그렇게 해서 하나님의 자녀가 된 우리는, 그 엄청난 여호와 하나님을 '아빠'라고 부르며 가장 친밀한 관계를 맺습니다.

여기서 끝나지 않습니다. 전지전능하면서도 누구보다 사랑이 넘치는 예수님과 우리를 공동상속인으로 묶어주셨습니다. 그 어떤 아픔과 실패도 예수님이 책임져주십니다. 또한 모든 사람들 중에 맏아들로 삼아 두 배의 복을 약속하셨습니다. 여기서도 끝나지 않습니다. "또 미리 정하신 그들을 또한 부르시고 부르신 그들을 또한 의롭다 하시고 의롭다 하신 그들을 또한 영화롭게 하셨느니라"(롬 8:30). 의롭다고 여겨주시는 것만으로도 족한데, 장차 반드시 영화롭게 만들어주시겠다는 것입니다.

하나님의 보장은 멈출 줄 모릅니다. "자기 아들을 아끼지 아니하시고 우리 모든 사람을 위하여 내주신 이가 어찌 그 아들과 함께 모든 것을 우리에게 주시지 아니하겠느냐"(롬 8:32). 은사란 거저 주시는 능력과 재능입니다. 그런 능력과 재능을 모든 이들에게 아끼지 않고 주시겠다는 것입니다. 이것이 다가 아닙니다. 더 있습니다. "죽으실 뿐 아니라 다시 살아나신 이는 그리스도 예수시니 그는 하나님 우편에 계신 자요, 우리를 위하여 간구하시는 자시니라"(롬 8:34). 이것이 하나님 약속과 축복의 마지막 보증입니다.

우리가 살다가 죄를 짓습니다. 잘못합니다. 계속 잘못합니다. 하나님 아버지께서 징계하려는데 우편에 앉으신 예수님이 간청합니다. "아버님, 한 번만 더 기회를 주십시오. 제가 어떻게 해보겠습니다." 바로 그런 뜻입니다. 참으로 물샐 틈 하나 없는 완벽한 복을 보장하셨습니다.

사도 바울이 묻습니다. "그런즉 이 일에 대하여 우리가 무슨 말 하리요, 만일 하나님이 우리를 위하시면 누가 우리를 대적하리요"(롬 8:31). 정말 우리를 대적할 존재는 없습니다.

사도 바울이 또 묻습니다. "누가 능히 하나님께서 택하신 자들을 고발하리요"(롬 8:33). 없습니다. 사도 바울이 또 묻습니다. "누가 정죄하리요?" 없습니다. 사도 바울이 또 묻습니다. "누가 우리를 그리스도의 사랑에서 끊으리요?" 물론 없습니다. 하나님 다음으로 강력한 존재가 사탄입니다. 사탄도 하나님의 자녀를 고발하지도 정죄하지도 못합니다. 하나님의 사랑에서는 더더군다나 끊을 수 없습니다. 이보다 더 완벽한 보장은 인간의 머리에서는 절대로 나올 수 없습니다. 오직 하나님의 생각에서만 나올 수 있는 것입니다.

그런데 이 더할 수 없이 완벽한 하나님의 보장도 한순간에 무력해질 수가 있습니다. 바로 내가 받아들이지 않을 때입니다. 내가 거부하면 하나님께서도 강제로 밀어붙일 수 없습니다. 그야말로 자식 이기는 부모가 없습니다. 하나님의 둘도 없는 사랑을 받는 우리 모두 제발 어리석지 않기를 바랍니다. 그리고 어떤 처지에 있든지 다시 시작해보기 바랍니다.

한 라디오 방송에서 들은 이야기입니다. 김칠성(가명) 씨는 아기 때 고아가 되었습니다. 닥치는 대로 살면서 40대 중반에 전과도 많아졌고, 조폭 소두목이 되었습니다. 수시로 드나드는 감옥에서도 계속 난동을 부리다가 종종 독방에 갇혔습니다.

그런데 독방에서 철 지난 신문을 읽게 됩니다. 거기에는 60대 할머니가 대학에 들어간 기사가 있었습니다. 늦은 공부에 대한 질문에 대해 그 할머니의 대답은, "언제 기회가 올지 모릅니다. 기회가 오면 잡으려고 대학에 들어왔습니다"라는 것이었습니다. 칠성 씨는 정신이 멍해졌습니다. 얼마 후 심한 악취에 정신이 들었습니다. 그것은 자신의 몸에서 나는 것이었습니다. 새삼스러울 것도 없는데, 자신의 몸과 마음과 영혼까지 썩어 들어간다는 것을 절감했고, 칠성 씨는 인생을 다시 살기로 결심하였습니다.

그 뒤 감옥에서 공부에 매진하였고 중학교, 고등학교 검정고시를 거쳐 대입자격까지 얻었습니다. 출소하는 날 부하들이 마중 나왔지만 단호히 뿌리쳤습니다. 그리고 열심히 살았습니다. 채소장사, 과일장사, 고구마장사, 붕어빵장사 등 안 해본 게 없습니다. 대학까지 졸업하고 한 병원의 사무장까지 되었습니다. 그런데 병원의 비리를 도저히 묵과할 수가 없어서 사표를 냈습니다. 제가 들은 것은 거기까지입니다. 칠성 씨가 그 후 어떻게 사는지 알지 못하지만 결코 실패하지 않을 것입니다.

맏아들이 해야 할 일

자, 그런데 하나님께서 우리에게 왜 이런 보장을 해주셨을까요? 예수님을 믿으니 기특해서? 놀고먹으라고요? 절대로 아닙니다. 이스라엘을 택하고 우리를 부르신 이유는, 하나님의 맏아들로서 해야 할 일이 있기 때문입니다. 사도 바울이, 하나님의 자녀들은 피조물들의 탄식에 귀를 기울인다고 말하면서 주목해야 할 구절을 덧붙입니다. "피조물이 허무한 데 굴복하는 것은 자기 뜻이 아니요, 오직 굴복하게 하시는 이로 말미암음이라"(롬 8:20). 허무한 데 굴복하고 싶은 사람이나 누가 있겠습니까? 그런데 하나님께서는 하나님의 참 자녀가 나타나기 전까지는 사람들이나 자연이나 허무한 데 굴복하게 하셨다는 것입니다.

우리 자녀들이 자꾸 주저앉습니다. 부모인 내가 하나님의 참 자녀가 되지 못했기 때문입니다. 우리나라 사람들이 탐욕과 부패에서 떠나지 못하고 있습니다. 정치가들의 책임이 절대로 아닙니다. 우리가 하나님의 참 자녀가 되지 못했기 때문입니다. 환난과 곤고와 박해와 기근과 적신과 위험을 한사코 피하려고만 하며, 그저 자기 한 목숨만을 위한 의무 방어전만 치르고 있기 때문입니다.

한 일간지 전면광고에서 '새로운 창조공간에 대한 모색과 성찰'이라는 큰 글씨가 눈을 사로잡았습니다. 책 제목은 《변방을 찾아서》였습니다. 저자 신영복 교수가 말합니다. "변방과 중심은 결코 공간적 의미가 아닙니다. 낡은 것에 대한 냉철한 각성과 그것으로부터의 과감한 결별이 변방성의 핵심입니다." 세상 사람들은 모두 중심에서 살기를 원합니다. 그래서 사람은 서울로 보내고, 말은 제주도로 보내라고 합니다. 그래서 중심으로 모여들어 서로 죽고 죽이는 경쟁을 합니다. 그런데 중심은 이미 낡은 것입니다. 진짜 소망은 변방에 있습니다.

기독교 신앙의 출발은 "고향과 친척과 아버지의 집을 떠나 하나님께서 지시하는 땅으로" 가는 것입니다. 우리는 고향과 친척과 아버지의 집은 안전한 곳으로, 하나님께서 지시하는 땅은 미지의 세계로 생각합니다. 그래서 주저합니다. 그러나 잘못된 생각입니다. 고향과 친척과 아버지의 집의 중심은 '나'입니다. 내가 얼마나 보잘것없는지, 그러면서도 욕심은 얼마나 많은지는 내가 제일 잘 압니다. 낡은 것에 대한 냉철한 각성과 그것과의 과감한 결별이 변방성의 핵심임을 잊어서는 안 됩니다. 이어서 말합니다. "그러므로 변방이 창조공간이 되기 위한 결정적인 전제는 중심부에 대한 콤플렉스를 없애는 것입니다."

미국 아이다호는 감자가 주생산품입니다. 대량 구매 소비처는 맥도날드와 같은 패스트푸드점과 레스토랑이 전부였습니다. 감자 생산업자들은 몇 안 되는 소비처를 놓고 박 터지게 싸웠습니다. 한 농부가 생각했습니다. "과연 소비처가 거기밖에 없는 것일까?" 그리고 만든 것이 감자칩입니다. 현재 얼마나 많은 종류의 감자칩이 있는지 셀 수도 없습니다. 기존 농부들은 거기밖에는 없다는 '빈곤의 심리'에 심리에 묻혀 있었고, 그 농부는 얼마든지 소비처가 있을 수 있다는 '풍요의 심리'로 살았습니다. 그 농부는 다른 사람들까지도 살려낸 생명의 리더입니다. 하나님의 자녀를 향한 하나님의 소원이 바로 그런 것입니다.

사람들은 말합니다. "하나님께서 살아 계시다면 왜 이런 일들이 일어나는가?" 세상의 부조리와 불의에 대한 책임은, 하나님이 아닌 우리에게 있습니다. 진즉에 세상 문을 닫으셔야 했는데 오래 참는 사랑의 하나님은 여전히 우리가 진정한 하나님의 자녀들이 될 것을 기다리고 계십니다. 불평하지 말고 한탄하지 말고 끌탕하지 말고 그곳으로 가라는 것입니다. 환난, 곤고, 박해, 기근, 적신, 위험, 칼을 무서워하지 말고, 하나님의 사랑과 인도와 보호를 굳게 믿고 맞서라는 것입니다.

존 우드가 말합니다. "세상을 바꾸는 데는 그렇게 큰 힘이 필요 없습니다." 사도 바울이 결론을 내립니다. "내가 확신하노니 사망이나 생명이나 천사들이나 권세자들이나 현재 일이나 장래 일이나 능력이나 높음이나 깊음이나 다른 어떤 피조물이라도 우리를 우리 주 그리스도 예수 안에 있는 하나님의 사랑에서 끊을 수 없으리라"(롬 8:38-39). 사망, 생명, 천사, 권세자, 현재 일, 장래 일, 능력, 높음, 깊음 등 우리가 알고 있는 모든 것은 낡은 것들입니다. 고향과 친척과 아버지의 집에 이미 있었던 것들입니다.

"내가 과연 할 수 있을까요?"라고 말하지 마십시오. 하나님의 약속을 굳게 믿은 에스더가 말합니다. "죽으면 죽으리이다." 그리고 앞으로 나갔습니다. 그러자 불쌍한 바벨론의 노예 이스라엘 백성들이 살아났습니다. 탄식소리가 들려오는 모든 곳은 하나님의 자녀인 우리가 반드시 가야 할 곳입니다. 거기에는 새로운 사명, 새로운 직업, 새로운 하나님의 광활한 세상이 우리를 기다리고 있습니다. 세상을 향해, 인생이란 이렇게 살아야 한다는 것을 우리가 보여주기로 합시다.

잊지 마십시오. "담대하라. 내가 세상을 이기었노라"(요 16:33)라는 예수님의 말씀을 잊지 마십시오. 우리 뒤에는 전지전능하신 하나님 아버지가, 내 옆에는 예수 그리스도가, 내 안에는 하나님의 영이 계십니다.

15

남은 자는 누구일까요?

롬 9:27-33

최선이었어요.

……

그랬구나.

몰랐어.

미안해!

판화가 이철수 씨의 〈가난한 머루 송이에게〉라는 시입니다. 산속을 가다가 머루를 발견했습니다. 가느다란 가지 끝에 열일곱 개의 작은 머루 알이 달려 있습니다. 겨우 요거 달았냐고 묻습니다. 머루송이가 대답합니다. "최선이었어요." 그 말에 할 말을 잃습니다. 그리고 이어서

머뭇거리며 말합니다. "그랬구나. 몰랐어. 미안해."

– 박웅현, 《책은 도끼다》

산문散文은 여러 단어들을 나열하며 열심히 설명하지만, 몇 자의 시詩는 정곡을 조용히 찌르면서 산문을 침묵시킵니다. 그런데 우리 하나님 아버지의 말씀은 당연히 그 깊이와 너비에 있어서 시와는 비교조차 할 수 없습니다. 우리의 생각과 하나님의 생각은 다를 뿐만 아니라, 아무리 우리가 열심히 느끼고 생각하고 깨닫고 설명해도 하나님의 말씀은 또다시 저만큼 멀리 떨어져 우리에게 손짓하고 있습니다. 약 올리시는 걸까요? 그럴 리가요. 우리더러 열심히 따라오라는 것입니다. 그 자체가 은혜입니다.

천국에 가면

얼마 전 한 천재가 죽었습니다. 무명의 천재입니다. 저는 그 사람을 딱 한 번 만나 이야기를 나눴습니다. 전국의 수재들만 모이는 당시 최고 명문 중고등학교를 졸업했습니다. 17세 때 소설을 써서 신춘문예에 당선될 정도로 재능이 뛰어났습니다. 대학교를 졸업하고 광고 회사에 들어가 일찍이 두각을 나타냈습니다. 그런데 모든 일이 뜻대로 되지는 않습니다. 오해나 억울한 일도 생기고 좌절도 맛봐야 합니다. 그럴 때마다 그는 상처를 입었고 서서히 알코올 중독자가 되어갔습니다. 급기야 회사를 그만두었고 집에 칩거하며 폐인처럼 살다가 죽었습니다. 그 사람의 죽음을 보면서 올바른 인생의 지침이 얼마나 중요한지 뼈저리게 느꼈습니다.

죽으면 육체를 벗은 내 영은 무엇을 할까요? 천국에서 영생복락을 누린다고 합니다. 그 말을 들을 때마다, 저는 영생복락은 어떤 것일까 하는 물음과 함께, 좋다는 생각보다는 지루하면 어쩌나 하는 걱정이 듭니다. 백 년도 못 사는 인생에서도 지루할 때가 많고 풍요 속에서도 뭘 할지 모를 때가 많은데 천 년도 만 년도 아닌 영원한 시간에서 복락을 누린들 왜 지루하지 않겠습니까? 지루하다면 이미 그곳은 천국이 아닙니다. 이것은 단순한 걱정이 아닙니다. 대단히 심각한 문제입니다. 그런데 이 모든 상념들을 조용히 침묵시키는 하나님의 말씀이 있습니다.

"다른 천사가 공중에 날아가는데 …모든 민족과 종족과 방언과 백성에게 전할 영원한 복음을 가졌더라"(계 14:6). 영원한 복음, 죽어서도 모든 영들에게 여전히 힘을 발휘하는 복음은 과연 무엇일까요? "그가 큰 음성으로 이르되 하나님을 두려워하며 그에게 영광을 돌리라. 이는 그의 심판의 시간이 이르렀음이니 하늘과 땅과 바다와 물들의 근원을 만드신 이를 경배하라 하더라"(계 14:7). 영원한 복음, 그것은 우리 하나님 아버지를 경배하며 그분께 영광을 돌리는 것입니다.

천국에 가면 모든 것이 끝나는 것이 아닙니다. 그곳에서는 하나님을 영과 영으로, 얼굴과 얼굴을 대하여 보며 그때에는 주께서 나를 아신 것처럼 내가 온전히 알게 됩니다. 그런데 그 완성은 내가 하나님을 경배할 때 내가 이루는 것이 아니라 하나님께서 이루십니다. 이것을 깨닫고 얼마나 마음이 놓였는지 모릅니다. 그러므로 하나님을 경배하며 하나님께 영광을 돌리는 것을 숙제로 생각해서는 안 됩니다. 또한 그렇게 하지 않으면 벌 받을까 두려워하며 억지로 벌벌 떨며 행하지 마십시오. 바로 그것이 지옥입니다.

요한계시록은 천국을 다음과 같이 묘사합니다. "하나님이 그들과 함께 계시리니 그들은 하나님의 백성이 되고 하나님은 친히 그들과 함께 계셔서"(계 21:3). 하나님 아버지께서 친히 나와 함께 계신 것이 천국의 본질이며 핵심입니다. 하나님을 무섭고 두려운 존재라고 생각한다면 천국은 더 이상 천국이 아닙니다. 그래서 천국에 이르는 유일한 길은 삼위일체 하나님을 가장 사랑하는 것입니다.

영원한 구원?

신앙생활이란, 눈으로 보는 이 땅에서부터 영이신 하나님을 가장 사랑하며 그분과 동행하며 그리스도의 장성한 분량에 이르기까지 성숙해가는 것입니다. 그 자체가 지고한 은혜이며 최고의 행복입니다. 그런데 인간은 몇 마디 말로 하나님을 규정하려 들고, 그래 놓고는 그 안에 앉아서는 나갈 생각을 하지 않습니다. 이 정도는 그래도 참아줄 만합니다. 자신이 만든 규정들을 다른 사람들을 판단하고 정죄하는 잣대로 들이댈 때는 말문이 막혀버립니다.

T. S. 엘리엇이 이런 말을 했습니다. "우리가 얻기를 바랄 수 있는 유일한 지혜는 겸손의 지혜다. 겸손은 끝이 없다." 겸손을 인간이 가져야 하는 최고의 덕목으로 꼽는 이유는, 착해지라는 것이 아닙니다. 아직도 가야 할 길이 멀고, 가는 것을 멈추는 순간 스스로 만든 감옥에 갇혀버리기 때문이며, 오직 겸손만이 하나님을 향한 길을 감사하며 가게 하기 때문입니다.

로마서 9장은 많은 논쟁을 야기하는 말씀입니다. 이 말씀을 잘못 이해하면 돌이키기 너무 어려운, 잘못된 태도를 낳습니다. 이스라엘 백성들은 하나님께서 택하신 최초의 선민입니다. 그런데 하나님의 버림을 받았습니다. 사도 바울은 그 사실을 너무나 마음 아파하며 이렇게 말합니다. "나의 형제 곧 골육의 친척을 위하여 내 자신이 저주를 받아 그리스도에게서 끊어질지라도 원하는 바로라"(롬 9:3).

하나님으로부터 이스라엘 백성들이 버림을 받은 이유가 무엇입니까? 예수님을 구원자로 받아들이지 않았기 때문입니다. 자, 그런데 이스라엘 백성들은 자신들이 하나님으로부터 버림 받았다고 생각할까요? 절대로 아닙니다. 여전히 자신들은 하나님의 유일한 선민으로 굳게 믿고 있습니다. 예수님을 십자가에 못 박은 것을 여전히 잘한 일로 믿고 있습니다.

사도 바울은 그들의 잘못된 생각을 "이스라엘에게서 난 그들이 다 이스라엘이 아니요"(롬 9:6)라는 말을 필두로 풀어나가기 시작합니다. 그러면서 이스마엘을 버리고 이삭을 택하고 에서를 버리고 야곱을 택하신 사실을 들어, 하나님의 택하신 백성이라도 얼마든지 버림 받을 수 있음을 상기시킵니다. 이어서 선뜻 이해하기 어려운 의미심장한 말을 합니다. "그런즉 원하는 자로 말미암음도 아니요, 달음박질하는 자로 말미암음도 아니요, 오직 긍휼히 여기시는 하나님으로 말미암음이니라"(롬 9:16). 내가 구원을 받기 간절히 원한다고 해서, 또 구원을 받기 위해 열심을 낸다고 해서 하나님께서 구원해주시는 것이 아니라, 구원은 오직 하나님의 절대적 주권에 달린 것이라는 뜻입니다.

사도 바울은 더 이상한 말을 합니다. "그런즉 하나님께서 하고자 하시는 자를 긍휼히 여기시고 하고자 하시는 자를 완악하게 하시느니라"(롬 9:18). 이 말씀은 굉장히 심각한 것입니다. 아무리 좋은 설명을 들어도 하나님의 존재가 믿어지지 않는다고 합시다. 그렇다면 책임은 내게 있는 것이 아니라, 내 마음을 완악하게 만드신 하나님께 있다는 뜻이 됩니다. 그렇게 하곤 하나님을 믿지 않는 나를 하나님께서는 심판하십니다. 이처럼 억울한 일이 어디 있습니까?

이런 사도 바울의 설명을 들으며 다음과 같이 말할 수 있습니다.

이스라엘 백성들은 예수님을 믿지 않아 버림을 받았다. 그러나 나는 예수님을 믿는다. 또한 하나님의 긍휼함을 입어 이삭과 야곱처럼 하나님의 택함을 받았다. 그러므로 나는 구원을 받았다. 전적으로 옳은 말입니다.

그런데 심각하게 성찰해보아야 할 것이 있습니다. 내 구원은 과연 영원불변한 것인가? 혹시 이스라엘 백성들처럼 후에 버림을 받을 수도 있는 것이 아닐까? 이에 대한 정확한 답은 무엇일까요? 놀랍게도 예수 그리스도를 통한 내 구원은 영원불변한 것이 아닐 수 있으며 이스라엘 백성들처럼 버림을 받을 수도 있다는 것입니다. 예수님께서 친히 하신 말씀입니다. "그때에 사람들이 너희를 환난에 넘겨주겠으며 너희를 죽이리니 너희가 내 이름 때문에 모든 민족에게 미움을 받으리라. 그때에 많은 사람이 실족하게 되어 서로 잡아 주고 서로 미워하겠으며 거짓 선지자가 많이 일어나 많은 사람을 미혹하겠으며 불법이 성하므로 많은 사람의 사랑이 식어지리라. 그러나 끝까지 견디는 자는 구원을 얻으리라"(마 24:9-13). 환난을 견디지 못하고 시험에 빠진다는 것은, "예수님을 믿는 나에게 어떻게 이런 일이 일어날 수 있는가?"라며 하나님의 존재와 사랑과 보호를 의심하는 것을 말합니다. 서로 미워합니다. 거짓 선지자의 잘못된 가르침에 빠지기도 합니다. 불법으로 돈을 벌고 출세하자 나도 그 대열에 참여합니다. 예수님에 대한 사랑과 열정이 시간이 지나면서 사그라집니다. 이런 일들을 행하면 내가 예수님을 구원자로 믿었다고 하더라도, 얼마든지 내 구원도 무효가 될 수 있다는 것이 예수님의 말씀입니다.

요한계시록의 초두에 기록된 일곱 교회에 대한 책망도 내가 예수님을 믿었더라도 얼마든지 내 구원을 잃을 수 있다는 경고입니다. 마음에 새기십시오. 예수님을 믿는 것이 구원의 절대조건이긴 하지만, 절대 충분조건은 아니라는 뜻입니다. 예수님을 믿었다고 해서 구원이 종결된 것이 아닙니다. 선물로 주신 믿음을 올바로 가꾸고 잘 견지해야 합니다. 서 있는 줄로 생각하는 사람들은 넘어질까늘 경계해야 합니다. 사도 바울이 말합니다. "이스라엘 자손들의 수가 비록 바다의 모래 같을지라도 남은 자만 구원을 받으리니"(롬 9:27). 이 말씀은, 그리스도인의 숫자가 바다의 모래 같을지라도 남은 자만 구원을 얻으리라는 것이기도 합니다.

비장함은 금물

어떻게 하는 것이 믿음을 올바르게 가꾸고 잘 견지하는 것일까요? 다른 말로 하면, 어떻게 해야 남은 자가 될 수 있을까요? 사도 바울은 왜 대부분의 이스라엘 백성들이 하나님으로부터 버림을 받았는지 그 이유를 다음과 같이 밝히고 있습니다. "의의 법을 따라간 이스라엘은 율법에 이르지 못하였으니 어찌 그러하냐? 이는 그들이 믿음을 의지하지 않고 행위를 의지함이라. 부딪칠 돌에 부딪쳤느니라"(롬 9:31-32). "부딪칠 돌"은 바로 예수 그리스도를 말합니다. 이 땅에 오신 예수님께서 왜곡된 선민의식과 과도한 기복주의로 본질을 상실한 유대교 지도자들과 그 추종자들을 무섭게 질타하셨습니다. 하나님을 가장 사랑하며 이웃을 내 몸과 같이 사랑하라는 예수님의 가르침은 그들에게 부딪히는 돌이었습니다. 그들은 그 돌에 부딪혀 넘어지면서도 자신의 잘못을 깨닫지 않고 왜 돌이 여기 있느냐며 "부딪힐 돌"이신 예수님을 십자가에서 제거해버렸습니다.

이런 사람들은 그때만 있는 것이 아닙니다. 오늘날에도, 또 기독교가 존재하는 한 계속 생깁니다. 예수님을 믿고 누구보다도 교회생활을 열심히 하는 사람들, 구원의 확신이 누구보다도 확고한 사람들 중에 "저 사람은 아닌 것 같은데…"라며 머리를 절레절레 흔들게 되는 사람들이 있습니다. 마치 예수님께서 유대교 바리새인들을 향해 "독사의 자식들아, 누가 너희를 가르쳐 임박한 진노를 피하라 하더냐?"고 소리치신 것처럼 차마 입 밖으로 내뱉지 못하지만, 그런 사람들이 많습니다.

그런데 정작 자신들은 가장 잘하고 있다고 생각합니다. 여러분 중에 혹시 신앙생활에 있어서 "나는 괜찮아. 나는 잘하고 있어"라고 생각하는 분들이 있습니까? 얼른 그런 마음을 버려야 합니다. 일상생활에서도 문제지만, 신앙생활에서는 가장 경계해야 하는 나쁜 태도입니다. 바로 그런 태도가 부딪치는 돌에 부딪쳐 넘어지게 합니다.

제 스스로 늘 다짐하는 것이 있습니다. 내가 잘했다고 생각하지 말자. 더욱 잘하려고 노력하자. 절대로 생색내지 말자. 그럼에도 자만과 생색은 시도 때도 없이 불쑥불쑥 튀어나옵니다. 자신이 잘하고 있다고 착각하면 생색내게 마련이고, 표정이 달라집니다. 먼저 웃음이 사라집니다. 언제나 자신을 알아주기를 바라기 때문에 무슨 대단한 일이라도 하는 양 태도가 비장해집니다.

남은 자 되어

서울 지하철 7호선에는 짜증과 피로를 단번에 날려버리는 목소리가 울려 퍼집니다.

"저출산시대에 임산부는 국가 유공자입니다. 옆에 임산부가 있으면 자리를 양보해주시기 바랍니다. 그냥 배가 나온 분도 귀엽게 여겨 자리를 양보하셔도 괜찮습니다."

"두고 내리신 물건은 무임승차 죄목으로 유실물센터에 갇히오니 면회가는 일 없도록 물건을 잊지 마시기 바랍니다."

"어린 시절, 아버지가 붕어빵을 들고 귀가하시던 기억이 생생합니다.

오늘은 댁에 통닭을 사가시는 건 어떨까요?"

이런 즐거운 방송으로 웃음을 주는 이는 민병준 기관사입니다. 그가 말합니다. "서울에 처음 왔을 때 표정이 없는 곳이라고 느꼈습니다. 이를 바꿔 보고픈 작은 소망에서 시작했습니다."

민병준 기관사에게 일터는 즐거운 곳입니다. 그는 어떤 멘트로 승객들을 즐겁게 할까 늘 준비할 것입니다. (어떻게 하면 더 좋은 말씀을 더 설득력 있게 전할까 고심하는 저처럼) 그에게 기관실 마이크는 저에게 설교단과 똑같습니다. 자신도 승객들도 더욱 즐거워질 것입니다. 다른 많은 기관사들은 격무에 시달리며 힘들어합니다. 그러나 그에게 격무는 이겨내야 하는 환난이 아닙니다. 민병준 씨는 많은 기관사 중에 몇 안 되는 '남은 자'입니다.

겸손하십시다. 무엇을 하든 조금 더 잘하려고 합시다. 그리고 세상 그 수많은 길 중에 마땅히 가야 할 길, 유일한 생명 길을 열어주신 삼위일체 하나님께 늘 감사합시다. 그 길을 열고 어떻게 가야 하는지 가르쳐주신 것 자체가 은혜입니다. 사도 바울이 말합니다. "또한 영광 받기로 예비하신 바 긍휼의 그릇에 대하여 그 영광의 풍성함을 알게 하고자 하셨을지라도 무슨 말을 하리요"(롬 9:23). 인간의 마음은 늘 억울해하고 강팍해집니다. 하나님은 그런 나를 그냥 내버려두지 않고 긍휼히 여겨주십니다. 하나님의 긍휼을 언제나 감지해내고 그 긍휼에 감사로 반응하며 하나님께 붙어 있을 때

나는 저절로 '남은 자'가 됩니다.

절대로 잊지 말아야 합니다. 구원은 내가 이루는 것이 아니라, 하나님께서 이루어주시는 것입니다. 그러므로 잡은 줄로 여기지 아니하고 푯대를 향해서, 천성을 향해서 열심히 가노라면, 환난은 언제 왔다 간 줄도 모르게 내 그릇에는 어느새 하나님의 영광이 가득 담겨 있을 것입니다.

16

부활의 주님을 믿는 자는

롬 10:2-12

한 발자국 더

돌파구를 찾지 못하고 서서히 몰락해가던 제너럴일렉트릭을 회생시키고 최고 기업으로 성장시킨 잭 웰치는 CEO들의 멘토로 많은 강연을 하였습니다. 한 강연회에서 젊은 임원에게서 어떻게 하면 훌륭한 리더가 될 수 있느냐는 질문을 받았습니다. 그러자 잭 웰치는 이렇게 대답했습니다. "사장은 모든 것을 알고 프로젝트를 맡깁니다. 사장의 의도를 제대로 이해하지 못하면 아무리 열심히 해도 탈락입니다. 사장의 의도를 알고 열심히 하면 중간입니다. 가장 잘

하는 사람은 사장의 의도보다 한 발자국이라도 더 가보려는 사람입니다. 사장은 그 사람에게 질문을 합니다. 그리고 그 사람은 나중에 리더의 자리에 앉게 됩니다."

그저 열심히 하면 다 되는 줄 압니다. 그러나 아닙니다. 방향이 잘못되었으면 열심히 하면 할수록 점점 더 왜곡될 뿐입니다. 사도 바울이 이스라엘 백성들을 향해 말합니다. "그들이 하나님께 열심이 있으나 올바른 지식을 따른 것이 아니니라. 하나님의 의를 모르고 자기 의를 세우려고 힘써 하나님의 의에 복종하지 아니하였느니라"(롬 10:2-3). 이스라엘 백성들은 열심히 신앙생활을 하였습니다. 그러나 하나님의 의도를 모른 채 열심히 하였습니다. 그 결과는 하나님으로부터 버림 받음입니다.

하나님의 의도

하나님의 의도는 무엇일까요? 430년간 이집트의 노예로 살던 이스라엘 민족을 구원하셨습니다. 열 가지 재앙으로 구원하는 과정 중에 하나님께서 반복하시는 말씀이 있습니다. "온 천하에 나와 같은 자가 없음을 네가 알게 하리라"(출 9:14). "너희는 내가 여호와인 줄을 알리라"(출 10:2). 그렇게 구원 받은 이스라엘 백성을 광야로 인도하고 시내산에서 계약을 맺으십니다. 시내산 계약을 통해 여호와는 이스라엘의 하나님이 되시고 이스라엘 백성들은 제사장 나라가 되는 것입니다. 그러고는 성막을 짓게 하고 법궤의 중앙에 하나님께서 임재하겠다고 하면서 다음과 같이 말씀하십니다. "거기서 내가 너와 만나고 … 네게 명령할 모든 일을 네게 이르리라"(출 25:22).

이스라엘로 하여금 하나님의 존재를 온 세상에 알리고 제사장 나라가 되게 하고 그 일을 수행할 때 필요한 모든 것을 알려주시는 가장 최종적인 목적이 있습니다. "하나님이 그들에게 복을 주시며 하나님이 그들에게 이르시되 생육하고 번성하여 땅에 충만하라. 땅을 정복하라. 바다의 물고기와 하늘의 새와 땅에 움직이는 모든 생물을 다스리라 하시니라"(창 1:28). 하나님의 자녀들로 하여금 온 세상을 다스리게 하려는 것입니다. 여러 번 말씀드리지만 '다스리다'에 해당되는 히브리어 '라다'는 '돌보다, 살게 하다'는 뜻입니다. 곧 다른 사람들과 피조물들을 돌보고 살게 하는 것이 하나님의 뜻입니다. 그런데 이스라엘이 그 일을 수행하지 않고 엉뚱한 일을 했습니다. 리더의 의도를 모른 채 열심히 하면 '탈락'입니다. 그렇다면 이스라엘이 열심히 행한 일은 무엇일까요? "하나님의 의를 모르고 자기 의를 세우려고 힘써 하나님의 의에 복종하지 아니하였느니라"(롬 10:3). 자기 의를 세우는 일에 열중하였습니다. 곧 율법을 지키는 일에 몰두하였다는 것입니다. 10개의 계명을 2,134개의 율법으로 만들어놓고는 그것을 지키는 일에 온 힘을 기울였습니다. 그렇게 해야 하나님의 마음에 들고 하나님께 복을 받을 수 있다고 믿었기 때문입니다.

자기 의를 세운다는 것은 "율법을 잘 지키는 나는 이렇게 복을 받았고, 율법을 지키지 않는 너희는 그래서 고생하는 거야"라고 생각하는 것입니다. 잘하는 것 같지만 그렇게 할 때 엄청난 폐해가 발생하는데, 이에 대해 사도 바울이 말합니다. "믿음으로 말미암는 의는 이같이 말하되 네 마음에 누가 하늘에 올라가겠느냐 하지 말라 하니 올라가겠느냐 함은 그리스도를 모셔 내리려는 것이요. 혹은 누가 무저갱에 내려가겠느냐 하지 말라 하니 내려가겠느냐 함은 그리스도를 죽은 자 가운데서 모셔 올리려는 것이라"(롬 10:6-7). 굉장히 어렵게 번역되었지만 이런 뜻입니다. 예수 그리스도께서 십자가에 달리셨을 때 숨을 거두시기 직전에 부르짖었습니다. "엘리 엘리 라마 사박다니!" 이는 "나의 하나님, 나의 하나님, 어찌하여 나를 버리셨나이까?"라는 뜻입니다. 굉장히 중요한 뜻을 내포하고 있습니다.

우리는 원치 않는 일이 생기면 하나님께서 나를 버리셨다고 오해합니다. 그러나 예수님은 그렇지 않습니다. 예수님은 하나님과 완전히 일치하는 분입니다. 하나님께서 정말로 예수님을 버리셨습니다. 예수님은 음부까지 내려가신 것입니다. 그런데 율법 준수에 골몰하는 종교지도자들과 바리새인들은 "흥, 인간이 스스로 어떻게 음부에 내려갈 수 있어?"라고 말합니다. 그것은 예수 그리스도의 대속적 죽음을 부인하는 것입니다. 예수님께서 부활 승천하셨습니다. 그런데 자기 의를 세우는 데 골몰하는 종교지도자들과 바리새인들은 "흥, 인간이 어떻게 부활하고, 또 승천할 수 있어?"라고 말합니다. 그렇게 그들은 예수님의 신성과 구원의 능력을 인정하지 않았습니다.

아브라함 헤셀의 말을 기억하십시오. "교리와 규칙과 율법과 제도로 묶인 기독교는, 인간의 영혼을 고양시키는 것이 아니라, 오히려 말살한다. 기독교는 인간의 영혼이 활활 타오르게 하는 제단이 되어야 한다." 율법적 인간의 최대 난점은 하나님 형상의 말살과 창의력 부재입니다. 인간을 단답형으로 만들고, 율법의 줄에 매달린 꼭두각시로 만들어버립니다.

어린 시절 주일날 과자를 사면 하나님으로부터 벌을 받는다고 배웠습니다. 당시 풍선껌이 처음 나왔습니다. 너무나 사고 싶어 헌금을 아껴서, 집에서 멀리 떨어진 가게에서 풍선껌을 샀습니다. 무척이나 기뻤습니다. 그러나 곧 드는 마음은 부모님의 말씀을 거역하였다는 죄책감과 언제 벌을 받을까 하는 두려움이었습니다. 오물오물 껌 씹으며 집으로 돌아오는 길에 이걸 버려야 하나 말아야 하나 갈등이 많았습니다. 전혀 중요하지 않은 잘못된 율법을 어기게 한 풍선껌 하나가 선악과로 돌변한 것입니다.

율법은, 잘 하면 교만이 하늘을 찌르고, 못 하면 죄책감이 지옥까지 내려갑니다. 기독교의 타락이란 기독교를 생명 없는 의례적인 종교로 만드는 것입니다. 예수님은 왜 가장 낮은 음부까지 내려가시고 왜 부활하여 가장 높은 하늘로 올라가셨을까요? 인생의 가장 밑바닥에 내려갔어도 가장 높은 하늘까지 올라갈 수 있음을 보여주기 위해서입니다.

하나님의 뜻대로 사는 사람

가난한 집에서 태어난 흑인 제프 핸더슨은 도둑질을 일삼아 '손버릇 나쁜 제프리'로 불렸습니다. 급기야 학교를 그만두고 마약 판매에 손을 댄 그는 24세 때 19년 7개월 형을 선고받고 수감되었습니다. 교도소에서 그는 일은 재소자들이 가장 싫어하는 설거지를 맡아 끼니마다 1,500명의 그릇을 닦았습니다. 그런데 그 설거지가 이상하게 싫지 않았습니다. 적성에 맞은 것이었는지 주방에서 일하면서 요리에 관심이 가기 시작했습니다. 어깨 너머로 요리를 배우기 시작했습니다. 신문에 소개된 요리사들의 이야기를 들으며 잠 못 이루기를 여러 해, 그는 점차 변하기 시작했습니다.

그가 말합니다. "뜨거운 증기에 살갗이 갈라질 때, 방탕했던 예전과 지금이 비교되면서 내가 저지른 잘못들이 고통스러워지기 시작했습니다. 주방은 내 과거를 정면으로 바라보게 했습니다." 그는 출소하자마자, 로스앤젤레스 한 식당의 접시닦이를 시작했고, 요리사 경력을 쌓기 위해 여러 곳에 입사 원서를 냈습니다. 그렇게 세계적인 요리사가 되겠다는 꿈을 놓고 간절히 매달린 결과, 라스베이거스 벨라지오 호텔 최초의 흑인 총주방장이 되었습니다.

제프 핸더슨이 예수님을 믿었을까요? 모르겠습니다. 그러나 그는 자신도 모르는 사이에 하나님의 선물, 하나님 형상, 곧 개성을 찾았고 발전시켰고 꽃피웠습니다. 그는 어떤 그리스도인보다도 하나님의 뜻을 이룬 사람입니다. 리더의 의도를 알고 더욱더 잘하려고 하는 사람이 훗날 새로운 리더가 될 수 있음을 기억하십시오.

사도 바울이 가장 낮은 음부에서 가장 높은 하늘로 올라가는 길에 대해 말합니다. "네가 만일 네 입으로 예수를 주로 시인하며 또 하나님께서 그를 죽은 자 가운데서 살리신 것을 네 마음에 믿으면 구원을 받으리라. 사람이 마음으로 믿어 의에 이르고 입으로 시인하여 구원에 이르느니라"(롬 10:9-10).

구원 받는 방법이 굉장히 쉬워 보입니다. 그렇습니다. 내가 낳은 아들과 딸이 자동적으로 내 자녀가 되는 것처럼 쉽습니다. 그런데 오랫동안 목회하면서 느낀 것은, 여호와 하나님을 자신의 아버지로 받아들이는 것이 어떤 사람들에게는 불가능하게 보인다는 것입니다. 한번은 청년들을 교회로 초대한 적이 있었습니다. 그런데 교회마당에 발을 들여놓는 것조차 거부하는 청년들이 있었습니다. 그것을 보면서 영이신 하나님을 내 아버지로 받아들이게 되었다는 것이 얼마나 큰 은혜인지 새삼 알게 되었습니다.

또 하나 중요한 점이 있습니다. “예수님을 마음으로 믿고 입으로 구세주로 시인하여 구원을 얻는다”는 것을 도식처럼 생각해서는 안 된다는 것입니다. 사도 바울이 왜 이렇게 설명하는지 여기에는 다소 복잡한 설명이 필요합니다. 이스라엘 사람들의 히브리적 사고는 ‘통전적’입니다. ‘믿는다’라고 할 때 머리와 마음으로 알고 바라고 신뢰하고 사랑하고 몸으로 행하는 ‘총체적인 행위’를 의미합니다. 반면 헬라인들의 사고는 ‘분석적’입니다. 하나님에 대한 믿음을 그런 헬라인들이 이해할 수 있도록 단계적으로 분석적으로 설명한 것입니다. 그러므로 예수님을 먼저 마음으로 믿은 다음 대중 앞에서 입으로 시인하여야 믿음이 종결된다고 기계적으로 생각하는 것은 오해입니다.

우리 하나님 아버지는 행동하시는 분입니다. 성경은 단 한 번도 하나님을 철학적 개념이나 추상적 본질이나 막연한 가능성으로 제시한 적이 없습니다. 하나님은 태초부터 일하셨고 오늘도 일하시고 영원히 일하십니다. 하나님의 일은 대단히 구체적입니다. 예수님께서 말씀하십니다. “내 아버지께서 이제까지 일하시니 나도 일한다”(요 5:17). 당연히 행동하시는 하나님의 자녀인 우리 역시 행동해야 합니다.

성경의 원칙

사도 바울이 말합니다. "성경에 이르되 누구든지 그를 믿는 자는 부끄러움을 당하지 아니하리라"(롬 10:11). '믿다'는 말은 히브리어로 '야다'입니다. '야다'의 가장 중요한 뜻은 '사랑하다'입니다. 예수님을 믿는 사람은 누구보다도 무엇보다도 예수님을 사랑하고 의지합니다. 그분의 뜻과 처사에 기꺼이 순복하고 고난도 기꺼이 함께합니다. 그런 사람은 어떤 경우에도 절대로 부끄러움을 당치 아니합니다.

운동을 좋아하는 게리 헤빈은 젊은 나이에 헬스클럽을 열었습니다. 번창하였습니다. 체인점을 늘려나갔습니다. 돈도 엄청나게 벌었습니다. 하지만 과욕을 부리다 30세에 폭삭 주저앉고 말았습니다. 실의에 빠진 게리 헤빈에게 어떤 사람이 예수님의 복음을 전했습니다. 귀에 쏙 들어왔습니다. 성경을 열심히 읽고 또 읽었습니다. 하나님의 말씀을 통하여 자신의 잘못과 실수와 함께 소망도 보았습니다. 어느 날 팻 로버트슨이 쓴 《제3의 선택》이라는 책을 읽었습니다. 그 책에서 성경의 아홉 가지 원칙을 배웠고 사업에 그대로 적용했습니다. 현재 게리 헤빈은 전 세계 40개 국에 1만 개의 체인점을 갖고 있습니다. 그가 적용한 성경의 원칙은 다음과 같습니다.

첫째는 '정직과 통합성의 원칙'입니다. 절반의 진실이나 교묘한 속임수나 목적이 수단을 정당화시키는 것을 거부합니다. 통합성의 원칙은 속과 겉이 같은 것을 말합니다.

둘째는 '위대함의 원칙'입니다. 이는 역설적으로 종의 도리, 섬김의 원칙을 말합니다. 성경에서 가장 위대한 사람은 모든 사람의 종이 된 자를 말합니다. 그래서 그는 "우리가 섬기면 그들이 올 것이다"를 강조합니다.

셋째는 '사용의 원칙'입니다. 이 원칙은 달란트의 비유에서 배운 것입니다. 하나님께서는 자신과 모든 사람들에게 여러 달란트를 주셨는데, 그것을 땅에 묻어두지 아니하고 모두 열심히 사용한다는 원칙입니다.

넷째는 '책임감의 원칙'입니다. 많이 가진 사람은 비례하여 많은 책임을 져야 한다는 것입니다. 그래서 사장인 자신이 언제나 솔선수범하고 가장 많은 책임을 감당합니다.

다섯째는 '변화의 원칙'입니다. 새 술은 새 부대에 담아야 합니다. 변화를 두려워하지 않고 오히려 환영하며, 능동적으로 기꺼이 변화를 시도합니다.

여섯째는 '인내의 원칙'입니다. 성공하기를 원한다면 하나님의 약속을 믿고 참고 견디라는 것입니다.

일곱째는 '영적 기적의 원칙'입니다. 하나님의 영광을 위하여 열심히 살아가면 하나님께서 기꺼이 기적을 베푸신다는 것입니다.

여덟 번째는 '상호성과 되갚기의 원칙'입니다. 벌었으면 베풀어야 합니다. 그는 자선사업에도 앞장을 서서 로열티의 20퍼센트를 기부하고 있습니다.

마지막으로 '주권의 원칙'입니다. 주인이신 하나님께서 자신을 이 땅에 보내신 이유는 하나님나라 건설, 즉 더 나은 세상의 건설이라는 것입니다. 이 원칙에 충실한 게리 헤빈은 복음을 믿을 때 부끄러움을 당하지 않는다는 살아 있는 증거가 되었습니다.

사도 바울이 결론을 내립니다. "유대인이나 헬라인이나 차별이 없음이라 한 분이신 주께서 모든 사람의 주가 되사 그를 부르는 모든 사람에게 부요하시도다"(롬 10:12). 예수님을 따르고 닮고 그분의 가르침을 살아내십시오. 어떤 처지에 있든지 반드시 측량할 수 없는 하나님의 부요를 온몸으로 체험할 것입니다.

사람들은 신앙의 뻔한 모범답안에 지쳐 있습니다.
모두 다 은혜에 굶주려 있습니다.
해결방안이 없다면 잠자코 들어주기만 해도 족합니다.

17

하나님의 인자에 거하라

롬 11:17-22

은혜 잃은 종교

작가 어마 봄벡Erma Bombeck의 글입니다.

얼마 전 주일에 교회에서 한 꼬마가 고개를 돌려 사람들 얼굴을 하나씩 쳐다보며 웃고 있었다. 그 꼬마는, 꼴깍거리는 소리를 내거나 콧노래를 부르거나 발로 차거나 엄마 가방을 뒤지지도 않았다. 그냥 웃고만 있었다. 잠시 후 꼬마 엄마가 아이를 확 잡아채더니, 낮지만 단호한 목소리로 말했다. "그만 좀 웃어! 여긴 교회야!" 하면서 꼬마의 머리를 한 대 쥐어박았다. 꼬마의 볼에 눈물이 흐르자 "차라리 이게 낫네"라고 덧붙인 뒤 다시 기도하는 자세를 취했다. 나는 벌컥 화가 났다. "온 세상이 울고 있으니 너도 울어"라는 말로 들렸다. 나는 얼굴에 눈물 자국이 난 그 꼬마를 내 옆에 앉혀놓고 하나님 이야기를 들려주고 싶었다. 기뻐하시는 하나님, 웃으시는 하나님에 대한 이야기를 들려주고 싶었다. 우리는 조문객처럼 엄숙하고 비장한 표정으로 소중한 것을 전부 갖다 바쳐야 믿음이 좋은 줄 안다.

얼마나 어리석은 일인가? 지금 이 엄마는 우리 문명에 남아 있는 유일한 빛, 유일한 소망, 유일한 기적, 유일한 무한 약속 앞에 앉아 있음에도 그것을 전혀 모른다. 이 꼬마가 교회에서조차 웃을 수 없다면 도대체 어디로 가란 말인가?

너무나 각박한 세상에서 〈개그콘서트〉나 보며 웃을까, 마음 저 깊은 곳에서 솟아오르는 뜻밖의 기쁨을 잊은 지 오랩니다. 사람들은 태어날 때부터 치열한 경쟁사회에 던져집니다. 경쟁에서 탈락은 곧 죽음이라 믿으며 자신이 죽는 줄도 모르고 달리게 합니다. 그래서 1등이 아니면 크고 작은 좌절과 수치심과 죄책감에 시달립니다.

풀러 신학교 교수 루이스 스미디즈Lewis Smedes는 파괴적인 수치심의 3대 원인으로 '용납 없는 부모'와 '세속문화' 그리고 '은혜 잃은 종교'를 꼽았습니다. "넌 창피하지도 않니!" 용납 없는 부모가 입에 달고 있는 말입니다. 자식들에게 아무리 노력해도 합격점에 이를 수 없음을 끊임없이 확인시켜줍니다. 세속문화의 기조는, 사람이란 외모도 기분도 능력도 언제나 좋아야 한다는 것입니다. 그래서 뚱뚱한 사람, 못생긴 사람, 우울한 사람, 무뚝뚝한 사람, 무능한 사람, 재주 없는 사람들의 설 곳은 별로 없게 되었습니다. 그중 압권은 은혜를 상실한 종교입니다. 하나님의 복을 받으려면 수많은 율법 조항을 열심히 지켜야 하며 만약 실패할 경우 영영 파멸이라고 설파합니다. 매주일 설교를 통해 "그렇게 해서 어떻게 하나님의 복을 받겠다는 겁니까?"라며 교인들의 수치심과 죄책감을 상기시킵니다.

헬무트 틸리케Helmut Thilicke가 말합니다. "사탄은 뻐꾸기처럼 자신의 알을 신앙의 둥지에 떨어뜨려 놓는 재주가 있다. 그 부패한 은혜가 풍기는 악취와 비교하면 지옥의 유황불 냄새는 아무것도 아니다."

부패한 은혜란 무엇일까요? 필립 얀시의 지인 중 최근 이혼한 여자가 딸과 함께 교회 본당 앞에 서 있었습니다. 평소 말조차 건네본 적 없는 사모가 다가오더니 "이혼하셨다고요. 이해가 안 가는군요. 자매님이나 남편분이나 모두 예수님을 사랑한다면서 어떻게 그럴 수 있어요?"라고 했습니다.

매몰찬 면박에 기가 질린 그녀는 필립 얀시에게 말했습니다. "저나 남편이나 진심으로 예수님을 사랑해요. 그런데도 부부 관계가 파국으로 치달아 망연자실하던 차였습니다. 제게 필요한 것은 조언과 위로였는데…"

상대방의 아픔과 고뇌는 들어줄 생각조차 안하고, 시원찮다고 믿음을 비난하거나 단답형 답만 던져줍니다. 로버트 웬버그 교수는 《기도해보라는 뻔한 대답 말고》라는 제목의 책을 썼습니다. 사람들은 신앙의 뻔한 모범답안에 지쳐 있습니다. 모두 다 은혜에 굶주려 있습니다. 해결방안이 없다면 잠자코 들어주기만 해도 족합니다.

헤밍웨이는 부패한 은혜가 무엇인지 누구보다 잘 알았습니다. 그의 가정은 대대로 기독교 가정입니다. 믿음생활에 누구보다 열심이었던 그의 어머니에게 아들의 자유로운 삶이 방종으로 비쳤습니다. 아들이 자기 눈에 띄는 것조차 가만두지 않았습니다. 아들의 생일에 어머니는 케이크와 함께 아버지가 자살할 때 쓴 권총을 보낸 일도 있었습니다. 그의 아버지는 의사인데 심한 우울증으로 인해 스스로 목숨을 끊었습니다. 어머니의 편지에 이런 글이 적혀 있었습니다. "자식은 세상에 태어날 때 부모라는 통장을 받고 나온다. 자라는 동안 자식들은 인출만 한다. 그러나 그 통장을 다시 채워놓는 것이 자식 된 도리다." 이어서 통장을 채워놓는 방법을 구체적으로 나열하였습니다. 어머니께 수시로 선물하기, 청구서 대신 내주기 등이었습니다. 특히 강조한 것은 '하나님과 구주 예수 그리스도에 대한 철저한 의무 이행'이었습니다. 헤밍웨이는 아버지의 불행이 어머니 때문이라 믿었으며, 어머니와 어머니의 구세주에 대한 미움을 끝내버리지 못했습니다.

놀랍게도 부패한 은혜의 악취는 잘 믿는다는 사람들에게서 난다는 점입니다. 왜 하나님의 은혜가 종교인들에 의해서 부패하는 것일까요? 거기에는 타락한 인간의 종교성에서 비롯된 뿌리 깊은 원인이 있습니다.

하나님의 인자하심과 준엄하심

사도 바울이 말합니다. "하나님의 인자하심과 준엄하심을 보라" (롬 11:22). 인간들은 불가항력의 상황에서 그 배후에는 큰 힘이 있음을 감지하였습니다. 사람들은 그 힘에 여러 이름들을 붙여서 신으로 섬겼습니다. 그것이 종교의 기원입니다. 종교의 공통점은, 그 신들을 한결같이 두려워합니다. 그래서 그 신들을 잘 달래고 잘 섬겨서 복을 얻고 액운과 불행을 면하려고 노력한다는 것입니다. 노력에는 차이가 나게 마련입니다. 잘 하는 사람이 있고 못 하는 사람들이 있습니다. 그 결과 계급이 생깁니다. 계급이 높아질수록 신의 인정을 받은 것으로 자타가 생각합니다. 신들을 두려워한다는 것은 그 신들의 준엄함에 반응한다는 것입니다. 신들의 준엄함에 반응하는 이러한 종교들은 엄청난 폐해를 낳습니다. 종교 엘리트들은 절대 권력으로 신도들 위에 군림하며, 신도들로 하여금 뜻도 잘 모르는 각종 종교 행위에 몰두하게 만듭니다. 각종 종교 행위들을 이성적으로 판단해보십시오. 자해自害를 한다면 정신이 온전하지 못한 사람입니다. 그러나 어떤 종교에서는 자해를 권장하며 높이 평가합니다. 죽은 고승의 시신에 덧칠을 하여 등신불로 만들고는 감탄하며 참배합니다. 그러나 사랑하는 사람의 시신을 그렇게 했다가는 정신병원이나 감옥행입니다.

여호와 하나님께서는, 소중한 하나님의 자녀들이 아버지를 잃어버리고는 엉터리 신들을 두려움으로 섬기며 무지몽매한 길을 가는 것을 두고 볼 수 없으셨습니다. 그래서 하나님의 존재와 경륜과 생각과 마음과 성품을 성경을 통해 온 세상에 알리셨습니다. 그 핵심은 한마디로 "하나님은 사랑이시다"입니다. 하나님의 준엄하심은 다른 신들의 준엄함과는 그 차원이 다릅니다. 다른 신들의 준엄함은 심술이지만 하나님의 준엄하심은 "그래서는 제대로 살 수 없어!"라는 사랑의 또 다른 표현입니다. 제발 잘못했다고 벌 받을까 전전긍긍하지 마십시오. 하나님께 돌아오면 됩니다. 뉘우치며 돌아오는 당신을 버선발로 뛰어나와 반기는 하나님이십니다.

그런데 이스라엘은 하나님의 '자비(사랑)'에 반응하지 아니하고 다른 종교들처럼 '준엄'에만 반응하였습니다. 하나님을 엄격하고 무서운 분으로 여겨, 싫어하신다고 생각하는 것들을 2,134개나 되는 율법으로 만들었습니다. 이들이 왜 그랬는지, 독재국가를 생각하면 쉽게 이해가 됩니다. 독재자는 국민들을 사사건건 통제하고 비례하여 수많은 법들을 제정합니다. 그러고는 독재자는 자신이 가장 옳다고 착각하며 살고, 그 부하들은 권한을 사정없이 휘두릅니다. 제사장 그룹과 바리새인들이 행한 일들도 똑같아서 일반 백성들에게 하나님의 은혜 대신 종교의 무거운 짐들을 지웠습니다. 그런데 오늘날 많은 교회에서도 목사가 절대 권력자로 군림하면서, 거저 주어지는 하나님의 은혜에 여러 조건을 달아 팔고 있습니다. 이는 생명의 빛을 스스로 꺼버리는 대참사입니다.

세상은 은혜에 굶주려 있습니다. 만약 교회에서 은혜를 찾을 수 없다면, 세상 어디에서 은혜를 찾을 수 있겠습니까? 어려울수록 낮을수록 힘이 없을수록 대접받는 교회, 도움을 주고 생색내지 않는 교회, 높을수록 많을수록 더 많은 일을 조용히 따뜻하게 행하는 교회, 계급과 차별이 없는 교회, 살아 있는 진짜 은혜가 넘치는 교회로 만들기에 모든 성도들이 힘을 합쳐야 합니다.

하나님의 접붙임

사도 바울은 하나님께서 은혜를 베푸시는 방법을 '접붙임'에 비유하고 있습니다. "가지 얼마가 꺾이었는데 돌감람나무인 네가 그들 중에 접붙임이 되어 참감람나무 뿌리의 진액을 함께 받는 자가 되었은즉"(롬 11:17).

이스라엘은 이집트의 노예였습니다. 나무로 치자면 자력으로는 아무 열매도 맺지 못하는 형편없는 나뭇가지였습니다. 그런 이스라엘의 탄식소리를 하나님께서 들으셨습니다. "이스라엘 자손은 고된 노동으로 말미암아 탄식하며 부르짖으니 그 고된 노동으로 말미암아 부르짖는 소리가 하나님께 상달된지라. 하나님이 그들의 고통 소리를 들으시고 하나님이 아브라함과 이삭과 야곱에게 세운 그의 언약을 기억하사 하나님이 이스라엘 자손을 돌보셨고 하나님이 그들을 기억하셨더라"(출 2:23-25). 그리하여 출애굽의 장엄한 구원의 역사가 시작됩니다.

절체절명의 위기, 인간의 힘으로는 도저히 어쩌지 못하는 수많은 위기에서 이스라엘을 구출하시고, 자력으로는 살아갈 수 없는 광야에서 40년 동안 먹이고 입히셨습니다. 그러고는 젖과 꿀이 흐르는 가나안 땅으로 인도하셨습니다. 이 모든 것이 공짜였습니다. 이것이 바로 은혜입니다.

하나님께서는 그 쓸모없던 가지들을 생명의 원천인 하나님께 접붙여 살려주시고, 생명의 진액(롬 11:17)을 공급하여 아름다운 꽃과 열매를 맺게 하셨습니다. 세상에서는 한 번도 보지 못했던 하나님의 꽃과 열매들을 맺은 이스라엘을 "원 가지"(롬 11:21)라 하였습니다. 그런데 안타깝게도 원 가지가 은혜를 상실하고 꺾이고 말았습니다.

'달란트 비유'와 '므나 비유'는 하나님의 인자하심과 준엄하심에 각각 반응한 사람들의 결말이 어떻게 다른지 잘 보여줍니다. 순서를 바꿔, 먼저 아무것도 남기지 않은 종의 말을 들어봅시다. 그는 주인이 주신 달란트를 잃을까 수건에 꽁꽁 싸두었습니다. 그러고는 이렇게 말합니다. "내가 수건으로 싸 두었었나이다. 이는 당신이 엄한 사람인 것을 내가 무서워함이라"(눅 19:20-21). 하나님을 무서운 주인으로 생각했던 종은 아무것도 남기지 못하였고, 그나마 가진 것도 잃고, 게다가 "악한 종"이라는 책망을 들으며 어두운 데로 쫓겨납니다. 하나님께서 쫓아냈다고 생각해서는 안 됩니다. 하나님을 무서운 분으로 생각하여 노심초사하며 섬기는 사람은, 주신 재능을 찾고 계발하는 대신, 맹목적으로 종교행위에 몰두하다가 그 인생은 점점 어두워진다는 뜻입니다.

그런데 받은 달란트로 열심히 장사하여 배나 남긴 종들은 주인이 오자 한 걸음에 달려가 아룁니다. "보소서, 내가 또 다섯 달란트를 남겼나이다." 그러자 주인이 기뻐하며 답합니다. "잘하였도다, 착하고 충성된 종아. 네가 적은 일에 충성하였으매 내가 많은 것을 네게 맡기리니 네 주인의 즐거움에 참여할지어다"(마 25:21). 주인은 달란트를 주며 업종을 정해주지 않았습니다. 이미 주신 재능대로 업종을 각자 자유롭게 선택하라는 것입니다. 열심히 일했습니다. 기도로 지혜를 구하며 신 나게 일했습니다. 주인을 사랑하기 때문입니다. 충성은 주인에 대한 사랑의 표현입니다. 주인은 곧 하나님입니다.

인자하심에 머물러 있으면

사도 바울이 말합니다. "너희가 만일 하나님의 인자하심에 머물러 있으면 그 인자가 너희에게 있으리라"(롬 11:22). 이 말씀을 다른 말로 바꾸면, "우리가 하나님의 사랑 안에 거하면 하나님의 은혜가 우리에게 있으리라"입니다. C. S. 루이스는 세상의 모든 악과 죄를 합친다 하여도 하나님의 사랑 안에서는 넓은 바다에 떨어뜨린 잉크 한 방울만도 못하다고 하였습니다. 정말입니다. 하나님의 사랑은 허다한 죄와 허물과 악을 덮고도 남습니다.

피터 그리브는 인도에서 살던 중 한센병에 걸립니다. 부분 마비에 한쪽 눈까지 멀어 영국에 돌아온 그는 수녀들이 운영하는 공동체에 수용되었습니다. 절망 속에서 자살만을 생각했습니다. 어느 날 이른 새벽 일찍 눈을 떠 밖으로 나갔는데, 어디서 웅성거리는 소리가 들렸습니다. 가보니 성당 안에서 수녀들이 환자들의 이름을 벽에 붙여놓고 기도하고 있는 중이었습니다. 그중에는 자기 이름도 있었습니다. 모든 사람들이 자기를 잊은 줄 알았는데, 하나님은 잊지 않고 계셨습니다. 혼자가 아니라는 생각이 그의 삶을 완전히 바꿔놓았습니다. 자신도 세상에 필요한 존재임을 깨닫고 열심히 살았습니다. 자신의 삶을 《두 번째 기적》이라는 책으로 남기고 하나님 품으로 돌아갔습니다. 이것이 하나님의 은혜입니다.

천국에 대한 성경의 약속은, 우리가 하나님께서 베푸신 영원한 잔치에 참석하여 하나님의 영광을 얻으며, 그리스도와 함께 왕 노릇 한다는 것입니다. 세상에서 높은 자리에 앉아도 영광인데, 감히 꿈도 못 꿀 일이 우리에게 일어난다는 것입니다. 내가 누구든 과거 어떤 일을 했든, 현재 어떤 어려움에 놓여 있든 상관없이 하나님의 약속을 믿고 참고 견디고 열심히 산다면 그렇게 된다는 것입니다. 이것이 바로 허다한 죄를 덮고도 남는 하나님의 사랑입니다.

이 사랑을 어찌 누리고 나누지 않을 수 있겠습니까?

그들은 24명의 그리스도인들에게서 무엇을 보았기에,
모진 고통을 감내하고 목숨을 버리면서도
그리스도인들과 함께 있기를 열망하였을까요?

18

하나님의 그 깊은 마음

롬 11:25-36

세상에서 일어나는 일이라면

1550년 8월 '동양의 사도'라 불리는 프란치스코 자비에르가 일본 히라도에 처음 발을 들여놓으면서 일본 열도에 복음의 씨앗이 뿌려졌습니다. 예수님의 복음은 나가사키를 중심으로 빠르게 확산되었고, 그 후 40여 년이 지난 1597년 기독교의 급속한 확산에 위협을 느낀 도요토미 히데요시에 의해 선교사 추방령이 내려지면서 기독교인에 대한 무시무시한 박해가 시작되었습니다.

1597년 1월 1일을 기해 체포된 사람들은 파우치스타 선교사와 파우로 미키 선교사를 포함하여 모두 24명이었습니다. 그 가운데는 14세의 토마스 고자키, 13세 안토니오, 12세의 루도비코 이바라키 등 3명의 소년들도 포함되어 있었습니다. 도요토미 히데요시는 백성들에게 경고하기 위해 이들의 왼쪽 귀를 베고 동네마다 돌아다니도록 하였습니다.

교토, 오사카, 사카이 등의 거리로 끌려다닌 이들은, 나가사키에서 십자가 처형을 하라는 도요토미의 명령에 따라, 나가사키를 향한 죽음의 행진이 시작되었습니다. 추운 겨울, 맨발로 2,500리 즉 1,000킬로미터의 길을 한 달 동안 걸어가야 했습니다. 이들을 인계받은 나가사키 관리들은 가장 나이어린 루도비코 이바라키를 불러 기독교를 버리면 살려주겠다고 제안하였습니다. 그러나 어린 이바라키는 "잠시뿐인 인생과 영원한 생명을 바꾸는 것은 의미가 없습니다"라고 답하며, 오히려 "내 십자가는 어떤 거예요?"라고 묻고는 십자가 처형을 달게 받았습니다.

나가사키에는 이들의 순교를 기리는 기념공원과 기독교 박해 박물관이 있습니다. 그 박물관에는 토마스가 어머니에게 쓴 편지가 있었는데, 한글로 번역된 그 편지의 내용 중에 마음을 찌르는 이런 글이 있었습니다. "세상에서 일어나는 일이라면 그 무엇이든 견디고 이겨내십시오. 사랑하는 어머니, 나중에 천국에서 뵙겠습니다."

이런 일이 일어나는 동안 믿을 수 없는 기막힌 일이 일어납니다. 그들을 호송하던 페트로 스케지로와 목수였던 프란치스코가 예수님을 믿게 되었고, 24명과 함께 십자가 처형을 받은 것입니다. 그들은 조금도 망설이지 않았습니다. 그때 24명의 그리스도인들은 더 이상 내려갈 곳이 없는 천한 자리에 있었습니다. 어떤 모욕을 해도, 심지어는 죽여도 상관없는 미물 중에 미물입니다. 반면 이들을 호송하는 사람들은 신과 같은 절대권자입니다. 이것은 죽음의 수용소에 갇힌 유대인과 독일 병사의 관계이며, 바퀴벌레와 인간의 유비입니다. 그런 그들이 그리스도인들과 함께 기꺼이 십자가 처형을 받는 것은 독일 병사가 기꺼이 유대인이 되는 것이고, 인간이 추호의 망설임도 없이 바퀴벌레가 되는 것입니다.

그들은 24명의 그리스도인들에게서 무엇을 보았기에, 모진 고통을 감내하고 목숨을 버리면서도 그리스도인들과 함께 있기를 열망하였을까요?

일본인들이 복음을 받아들인 것은 평등사상 때문이었습니다. 우리나라에서도 그랬습니다. 당시 평등사상은 그 누구도 생각해본 적도, 들어본 적도 없는 것으로, 차별은 공기만큼이나 당연한 것이었습니다. 그런데 모든 인간은 차별 없이 하나님의 자녀라는 놀라운 이야기를 듣습니다. 그들은 예수님의 가르침에 매료되었고, 복음 속으로 점차 빠져들면서 예수님의 행적을 통해 그분이 구원자임을 믿게 되었고, 그분의 약속인 구원과 영생을 믿게 된 것입니다.

간디도 마찬가지입니다. 성경을 읽고 예수님을 알게 되고, 믿게 되고, 그분의 가르침대로 살게 되어, 심약하고 약삭빠른 이기주의 자였던 간디는 조국 인도를 대영제국으로부터 해방시키는 마하트마 '위대한 영혼'이 됩니다.

비본질을 넘어서

예수님은, 내 생명이 비본질에 탕진되는 것을 멈추게 하고 더욱 의미 있고 보람 있고, 더욱 풍성하게 하기 위하여 이 땅에 오셨습니다. 사도 바울이 말합니다. "이 신비를 너희가 모르기를 내가 원하지 아니하노니 이 신비는 이방인의 충만한 수가 들어오기까지 이스라엘의 더러는 우둔하게 된 것이라"(롬 11:25). 이단들은 이 구절을 무슨 굉장한 비밀이라도 되는 양 심각하게 묻고 또 열심히 설명합니다.

세상 종말이 언제인 줄 아십니까? 예수님께서 "이 천국 복음이 모든 민족에게 증언되기 위하여 온 세상에 전파되리니 그제야 끝이 오리라"(마 24:14)고 말씀하셨습니다. 즉 모든 민족에게 복음이 전해지면 세상 종말이 옵니다. 그런데 종말의 시기를 알려주기 위해서 이 말씀을 하신 것이 아닙니다. 어떤 어려움이 있어도 믿음으로 끝까지 견디라는, 또한 복음을 모든 민족에게 전하여 모든 사람들이 하나님의 뜻에 따라 제대로 살게 하라는 당부의 말씀입니다. 그런데 사람들은 이 말씀을 종말의 시기를 점치는 데 사용합니다.

이단들은 "이방인의 충만한 수"를 구원 받은 144,000명이라 설명하며, 자기 무리에 들어와야 구원을 받는다고, 다른 여러 성경구절들을 이리저리 엮어서 그럴듯하게 설명합니다. 그 설명을 들은 많은 사람들은 "어쩜 저토록 말씀을 잘 '쪼개'냐?"고 감탄하며 그들을 맹종합니다.

이런 행태를 보며 말문이 막혀버리는데, 예수님은 얼마나 답답하실까요? 중요하지 않은 것이 중요한 것을 삼키는 것, 비본질이 본질을 밀어내는 것이 바로 죄입니다. 논리의 함정에 빠지거나 언어의 감옥에 갇혀 비본질과 본질이 전도되게 해서는 안 됩니다. "모든 사람에게 긍휼을 베풀려 하심이로다"(롬 11:32)는 말씀이 하나님의 마음을 드러내는 핵심의 말씀입니다. 하나님은 이스라엘 백성만, 또는 그리스도인만 구원하시려는 것이 아닙니다. 부모가 그 어느 자식도 버릴 수 없듯이, 모든 사람을 구원하길 원하십니다.

세상에 없던 구원의 길

각 종교들은 저마다 구원의 방법을 제시하고 있습니다. 그 모든 것을 모아보면 두 마디로 정리할 수 있습니다. 무병장수와 부귀영화입니다. 그런데 무병장수와 부귀영화를 누렸던 솔로몬은 행복했을까요? 그가 결론적으로 말합니다. "그 모든 것이 헛되도다." 그런

결론을 내린 솔로몬은 그나마 행복한 사람입니다. 잘 나가는 사람들은 대부분 교만해지고 이어서 패망의 길을 갑니다. 그 증거가 곧 바로 나타납니다. 왕위에 오른 솔로몬의 아들 르호보암부터 이스라엘의 몰락과 불행은 시작됩니다.

하나님께서는 세상에 없던 구원의 길, 인간의 머리에서는 절대로 나올 수 없는 구원의 길을 제시하셨습니다. 75세의 노인 아브라함을 불러 고향과 친척과 아버지의 집을 떠나 하나님의 지시하는 곳으로 가라는 것입니다. 그리하면 그의 민족을 창대하게 하고, 복이 되게 하시겠다는 것입니다. 그래서 아브라함은 하나님의 약속을 '믿고' 떠났습니다. 37년의 여정 동안 하나님께서는 아브라함의 경건하지 않은 것을 돌이키셨고, 죄와 허물을 덮어주셨고, 친히 하신 약속을 이루어가셨습니다. 마침내 아브라함은 하나님의 지시하는 곳 입구까지 왔습니다. 그런데 그곳은 가나안 땅이 아닙니다. 이삭을 제물로 바치라는 모리아 산입니다. 이 산은 100세 때 얻은 외아들보다 하나님을 더 사랑할 때만 오를 수 있는 산입니다. 하나님을 더 사랑하기로 결단한 아브라함은 마침내 그 산에 올랐습니다. 그때 그 아들은 자신보다 하나님을 더 사랑하는 아버지를 보았습니다.

그 아버지의 후손들이 바로 이스라엘입니다. 사도 바울이 말합니다. "택하심으로 하면 조상들로 말미암아 사랑을 입은 자라"(롬 11:28). 그런데 그들에게 결정적인 잘못이 있었습니다. 하나님의 택하심을 오해하였습니다. 자신들은 하나님의 선민選民이라는 교만에 빠져버린 것입니다. 하나님의 사랑과 은혜를 전해야 할 이방인들과 율법을 어긴 사람들을 개로 여겼습니다. 예수님은 그들이 개로 여긴 사람들도 하나님의 자녀임을 가르치셨습니다. 그들은 반발하였습니다. 그 선봉에 이를 갈던 바울이 있었습니다. 그런데 바울이 자신들이 십자가에서 처형시킨 그 예수님을 만난 것입니다. 그것도 영으로, 음성으로 만난 것입니다. 이것은 있을 수 없는 일이었습니다. 오직 자신들만 하나님의 영을 받을 수 있다고 믿는 바울과 그들에게 예수님의 영이 음성으로 강림하였다는 것은 예수님이 바로 하나님이라는 증거였습니다. 그렇게 예수님의 제자로 돌변한 바울이 말합니다. "복음으로 하면 그들이 너희로 말미암아 원수 된 자요."(롬 11:28).

측량할 수 없는 은혜

베드로를 비롯한 예수님의 제자들도 유대인들로서 이방인들을 여전히 개로 여겼습니다. 그런데 베드로가 놀라운 경험을 합니다. 이방인 고넬료가 베드로의 전하는 말씀을 듣고 성령을 받은 것입니다. 베드로가 후에 다른 제자들에게 이렇게 말합니다. "내가 말을 시작할 때에 성령이 그들에게 임하시기를 처음 우리에게 하신 것과 같이 하는지라"(행 11:15). 유대인들만 하나님의 성령을 받는 줄 알았던 그들에게는 경천동지驚天動地하는 사건이었습니다. 그렇게 바울과 베드로와 제자들은 이방인과의 사이에 있던 담을 뛰어넘었습니다. 그러나 안타깝게도 골수 유대인들은 그 담을 넘을 생각조차 하지 않았습니다.

사도 바울은 자신의 형제요, 혈육인 이스라엘 백성들도 그 담을 넘어 하나님께서 원하시는 삶을 살기를 간절히 바랐습니다. 사도 바울은 "하나님이 모든 사람을 순종하지 아니하는 가운데 가두어 두셨다"고 말합니다. 그 이유는 모든 사람에게 긍휼을 베풀기 위해서, 모든 사람을 구원하기 위한 하나님의 마음 때문이라고 말합니다. 사도 바울이 묻습니다. "그의 판단은 헤아리지 못할 것이며 그의 길은 찾지 못할 것이로다. 누가 주의 마음을 알았느냐. 누가 그의 모사가 되었느냐. 누가 주께 먼저 드려서 갚으심을 받겠느냐"(롬 11:33-35). 이에 대한 답은 "아무도 그럴 수 없다"입니다. 아무리 열심히 신앙생활을 한다 해도 하나님의 지혜와 경륜을 얻을 수도, 그분의 마음을 따라갈 수도, 충족시킬 수도 없습니다.

순종의 끝은 어디입니까? 천 번을 순종하다가도 단 한 번 거역하면 순종이 아닙니다. 믿음의 끝은 어디입니까? 단 한 번 의심으로도 모든 믿음이 허사로 돌아갈 수 있습니다. 바로 이것이 모든 사람을 순종치 아니하는데 가두어두셨다는 의미입니다. 왜 그렇게 하셨을까요? 인간이 절대로 범접하지 못하는 영원한 신비에 하나님 자신을 남겨두시기 위함일까요? 절대로 아닙니다. 그러길 원하셨다면 아예 세상과 인간을 창조하지 않으셨을 것입니다. 사랑이란 자신을 상대방에게 전부를 주는 것입니다. 하나님은 그렇게 하셨습니다. 예수님은 곧 하나님이십니다. 십자가에서 자신의 목숨을 우리에게 주셨습니다.

유대교 지도자들과 바리새인들은 왜 예수님을 십자가에 달았을까요? 왜 신천지는 기성교회를 자꾸 들쑤시는 것일까요? 목에 힘을 주고 하나님과 교회에 대한 자기주장을 끝도 없이 펼치는 '예수쟁이'들은 왜 그러는 것일까요? 모두 다 자신이 가장 옳다고 믿기 때문입니다. 그런데 이처럼 무서운 것이 없습니다. 하나님을 자신의 작은 틀 속에 가두고, 그 작은 틀 속에 스스로 갇힙니다. 그래서 그들의 하나님과 자신은 세상 사람들보다 작고 좁고 옹졸합니다. 그래서 마르틴 부버는 "종교(기독교)처럼 신(하나님)의 모습을 멋지게 가리는 것도 없다"고 했습니다.

세계 최고의 권위인 과학 학술지 〈네이처〉에 "한국이 창조론자들의 요구에 항복했다"는 기사를 실었습니다. 조광희 변호사는 무신론자임을 밝히며 이에 대해서 다음과 같이 말합니다. "인류가 형성한 신(하나님)에 대한 개념의 귀중한 부분은 진화론에 의해 훼손될 정도로 연약한 것이 아니어야 한다. 만일 당신이 가진 하나님에 대한 관념이 진화론에 의해 위협을 받는다면, 성찰되어야 하는 것은 진화론이 아니라, 당신의 하나님관이다." 내가 내 사고의 틀 속에 하나님을 규정하고 가두어 오히려 하나님을 가리는 것이 아닌가, 모든 그리스도인들이 깊이 되씹어야 할 말입니다.

하나님의 하시는 일을 절대로 측량할 수 없게 만드신 하나님 앞에서, 솔로몬은 우리가 해야 할 일이 무엇인지 구체적으로 가르쳐 줍니다.

> 형통한 날에는 기뻐하고 곤고한 날에는 되돌아보아라. 이 두 가지를 하나님이 병행하게 하사 사람이 그의 장래 일을 능히 헤아려 알지 못하게 하셨느니라(전 7:14).

> 하나님이 하시는 일의 시종을 사람으로 측량할 수 없게 하셨도다. 사람들이 사는 동안에 기뻐하며 선을 행하는 것보다 더 나은 것이 없는 줄을 내가 알았고(전 3:11-12).

사도 바울이 말합니다. "하나님의 은사와 부르심에는 후회하심이 없느니라"(롬 11:29). 내가 여러 사람들 중에 하나님의 부르심을 듣고 반응하였고, 이미 주신 재능을 하나님의 영광을 위한 은사로 사용하게 되었습니다. 이것을 내가 옳았다는 '하나님의 인정'으로 여겨서는 절대로 안 됩니다. 그랬다가는 이스라엘이나 사울 왕처럼 변질되어 하나님의 은사와 부르심에 후회가 있게 만듭니다. 나 같은 보잘것없는 사람까지도 부르고 사용하시는 '하나님의 용납'으로 여기고 무한히 감사해야 합니다. 이 무한 감사의 마음을 끝까지 견지할 때, 나는 측량할 수 없는 하나님의 은혜를 만끽하며, 은혜 위에 은혜가 더해져 저절로 그리스도의 장성한 분량을 향해 자라나게 되고, 내 삶을 통해 하나님과 그분의 영광이 더욱 뚜렷하게 드러나게 됩니다. 그리하여 사도 요한이 유언처럼 들려준, "내가 내 자녀들이 진리 안에서 행한다 함을 듣는 것보다 더 기쁜 일이 없도다"(요삼 1:4)라는 말씀이 곧 나를 두고 한 것이 되게 해야 합니다.

내가, 우리가 어디까지 가게 될지, 기대해봅시다.

'그러므로'에는 두 가지가 포함되어 있습니다.

첫째는 '당연히'입니다.

둘째는 '걱정하지 말고 마음 놓고'입니다.

19

우리가 드릴 영적 예배

롬 12:1-8

삶으로서의 예배

집안 형편이 어려운 양선화 양은 지방 고교졸업 후 홀로 서울로 올라와 변호사 사무실에 취직했습니다. 그녀의 하는 일은 복사, 심부름 같은 잡일이었습니다. 하루는 감기몸살로 도저히 출근할 수 없어 사무실에 전화를 했는데, 변호사가 "월급을 받는데 네 마음대로 아프면 안 된다"라며 출근하라는 것이었습니다. 서러웠습니다. 자신은 아파서도 안 되는 허드렛일이나 하는 기계처럼 느껴졌습니다. 자신을 더 초라하게 만드는 것은 매일 만나는 법조인들이었습니다. 그들은 무척 당당했고, 안 되는 일이 없는 것처럼 보였습니다.

자신도 사법시험을 보고 싶다는 생각이 들었지만, 언감생심이었습니다. 60만 원의 월급으로는 어림도 없는 일, 일하지 않으면 그나마 돈도 벌 수 없는 처지였습니다. 그러나 그녀는 결심을 하고 방송통신대학 법학과에 입학했습니다. 주경야독으로 드디어 4년 만에 졸업을 하였습니다. 회사에 사표를 낸 후, 사법시험 출사표를 던지고 무작정 신림동 고시촌에 들어갔습니다. 그동안 저축해둔 돈으로 생활하면서 40만 원의 학원비는 칠판 닦기, 교실 청소로 대신했습니다. 그렇게 열심히 하는 것을 본 학원 선생님들이 그녀에게 교재를 공짜로 주었습니다. 아침에 김밥 두 줄을 사서, 점심 때 한 줄, 저녁에 한 줄 먹으며 책에서 눈을 떼지 않았습니다. 그렇게 공부한 양선화 양은 5년 만에 사법고시를 통과하고 마침내 법조인이 되어 열심히 살고 있습니다.

이런 이야기는 우리같이 평범한 사람들의 기를 죽입니다. 그런데 그 부모님들은 얼마나 기뻤겠습니까? 뒷바라지도 해주지 못한 그 딸에게 한없이 고마웠을 것입니다. 하나님은 어땠을까요? 하나님께서도 대견해하셨을 것입니다. 그리고 바라시는 것은, 양선화 양이 그 지위를 가난하고 어려운 사람들을 돕는 데 사용하는 것입니다.

사도 바울이 말합니다. "그러므로 형제들아, 내가 하나님의 모든 자비하심으로 너희를 권하노니 너희 몸을 하나님이 기뻐하시는 거룩한 산 제물로 드리라. 이는 너희가 드릴 영적 예배니라"(롬 12:1). 오늘 본문은 "그러므로"로 시작합니다. 접속사 '그러므로'는 앞의 내용을 이유로 들면서 결론을 내릴 때 사용합니다. "너는 집안도 좋고 머리도 좋고 얼굴도 예쁘다. 그러므로 부잣집에 시집가서 멍청하게 살아라"는 것은 말이 되지 않습니다. "그러므로 남보다 선하고 좋은 일을 더욱 많이 해야 한다"가 맞습니다.

그렇다면 왜 하나님께서는 우리 몸을 하나님께서 기뻐하시는 산 제물로 드리라 하시는지, 먼저 앞의 내용을 어떤 것인지 알아야 합니다. 간단히 말하면 지금까지 사도 바울이 설명한 모든 것이 이에 해당됩니다. '너희는 본래 하나님의 사랑을 받는 하나님의 자녀들이란다. 태어날 때부터 많은 것을 주셨단다. 또한 믿음을 통해 여호와 하나님이 너희 아빠라는 것을 알게 되었고, 예수님의 십자가 공로로 회개를 통해 하나님의 사랑 안에서 죄와 실수는 언제나 용납된단다. 그래서 죄가 너를 주관치 못하고 정죄도 받지 않고 영생을 보장 받았다. 게다가 예수님과 공동상속인이 되어 하나님의 모든 능력과 지혜와 복을 누릴 수 있단다. 하나님의 너를 향한 사랑은 세상 그 어떤 것도 절대로 끊을 수 없다. 아무리 나쁜 일이 있어도 잘 참고 견디면 그 모든 슬픔과 아픔과 고난까지도 합력하여 선을 이루어 하나님의 영적 맏아들이 되고, 남들보다 두 배의 복을 누리며 마침내 하나님께서 너를 영화롭게 하신단다.' 이밖에도 많습니다.

그 어떤 사람이나 제도나 돈이 제공할 수 없는 사랑과 보장과 인도를 하나님께서 해주셨습니다. '그러므로' 너희 몸을 하나님이 기뻐하시는 산 제물로 드리라는 것이며, 그렇게 하는 것이 우리가 하나님께 드리는 최고의 예배라는 것입니다. '그러므로'에는 두 가지가 포함되어 있습니다. 첫째는 '당연히'입니다. 둘째는 '걱정하지 말고 마음 놓고'입니다. 그런 엄청난 보장과 인도를 받은 우리는 '어떤 처지에 있어도 당연히' 또한 '망할까 실패할까 걱정하지 말고' 그렇게 해야 합니다.

하나님께 산 제물로 드리는 것이 곧 영적 예배라 하셨으니까, 예배에 목숨을 걸라는 것으로, 또 예배에 목숨을 걸라는 것을 구역예배·수요예배·금요심야예배 등의 각종 예배를 빠지지 말아야 하는 것으로 생각하기 쉽습니다. 여기에는 그러나 더 깊고 깊은 뜻이 담겨 있습니다.

먼저 '산 제물(제사)'은 구약의 '번제'를 말합니다. 번제는 '헌신의 제사'로서 그 의미는 내 몸을 완전히 불살라 하나님께 드린다는 것입니다. '영적 예배'의 '영적'에 해당되는 형용사 '로기켄'은 '로기코스'에서 파생된 것으로 그 뜻은 '합당resonable', '합리적인rational'입니다. '영적spiritual'인 것을 표현하는 '프뉴마티켄'을 사용하지 않고 '합리적인rational'을 사용한 것은 이방인들의 미신적인 행동을 염두에 둔 것입니다. 이방예배의 미신적인 요소란, 그 예배나 제사나 굿 자체에 무슨 영험한 힘이 있어서 빠지면 저주를 받을 것으로 믿는 것을 말합니다.

또한 '예배'에 해당되는 헬라어 '라트레이아'는 단순히 제사행위를 의미하는 것이 아니라 '삶으로서의 예배'를 의미합니다. 즉 삶의 모든 가치와 의미를 삼위일체 하나님께 두고 하나님께 영광 돌리는 삶을 사는 것을 뜻합니다. 그래서 영어성경은 '영적 예배'를 'the spiritual worship' 대신 'the reasonable service' 즉 '합당한 섬김'이라고 변역하였습니다.

종교행위로서의 예배가 아닌, 삶으로서의 예배와 합당한 섬김으로서의 예배에 초점을 맞추었기에 사도 바울이 다음과 같이 당부합니다. "너희는 이 세대를 본받지 말고 오직 마음을 새롭게 함으로 변화를 받아 하나님의 선하시고 기뻐하시고 온전하신 뜻이 무엇인지 분별하도록 하라"(롬 12:2). 이 세대를 본받지 말라는 것은, 이 땅에서 무병장수 부귀영화에 집착하며, 돈이면 다 된다고 믿는 세상 사람들과는 달라야 한다는 것입니다. 헌금은 복채로, 기도는 주문으로 변질되고, 하나님의 복을 기원하는 굿판처럼 여겨지는 오늘날의 예배, 빠지면 벌 받을까 두려워하는 졸면서도 참석해야 하는 예배가 과연 하나님의 선하시고 기뻐하시고 온전하신 뜻에 합당한 것인지 점검해보아야 합니다.

하나님의 선하시고 기뻐하시고 온전하신 뜻은 무엇일까요? 예수님은 생명을 살리고 그 생명을 더욱 풍성하게 하시기 위해 이 땅에 오셨습니다. 그 일을 성취하기 위해 택하신 길은 바로 '섬김service' 입니다. "인자가 온 것은 섬김을 받으려 함이 아니라 도리어 섬기려 하고 자기 목숨을 많은 사람의 대속물로 주려 함이니라"(막 10:45). 예수님 그 자체가 바로 자신의 목숨을 하나님께 드린 산 제물이었으며, 하나님의 뜻에 합당한 섬김, 즉 하나님께 드리는 영적 예배였습니다.

하나님의 선하시고 기뻐하시고 온전하신 뜻을 분별하는 구체적인 방법을 사도 바울이 다음과 같이 설명합니다. "마땅히 생각할 그 이상의 생각을 품지 말고 오직 하나님께서 각 사람에게 나누어 주신 믿음의 분량대로 지혜롭게 생각하라"(롬 12:3). 흔히 이 구절을 교회의 계급에 따른 위계질서로 설명합니다. 목사, 장로, 권사, 집사들은 그 계급에 믿음의 분량이 각각 다르니 월권하지 말라는 것입니다. 소가 웃을 일입니다. 교회는 사회와 달라야 합니다. 교회에서는 가난하고 연약한 사람들 초신자들이 가장 많은 관심을 받는 곳이며, 책임이 큰 사람일수록 더 많은 섬김의 일을 하는 곳입니다.

유명한 신학자 존 머레이는 이 구절을 정확히 해석하였는데 "믿음의 분량대로에서 '믿음'은 구원의 수단인 진리를 믿는다는 말이 아닌, 자신이 받은 영적 은사의 성격을 알고 그 은사를 하나님의 뜻에 맞게 사용하라는 것"이라고 말합니다. 또한 '지혜롭게'에 해당되는 '소프로네인'은 '건전하고 겸손하게'라는 뜻이며, '지혜'란 '자신을 바르게 본다'는 뜻입니다. 누구나 잘 아는 "너 자신을 알라"는 소크라테스의 말이, 특별한 것이 아니라 바로 헬라어 '지혜'가 뜻하는 것입니다.

치킨 집이 성공하려면, 새벽 제단을 쌓고 일천번제와 십일조를 드려야 하는 것이 아니라, 좋은 재료와 뛰어난 맛과 합리적인 가격과 친절로 승부해야 합니다. 예배와 기도와 헌금을 하지 않아도 된다는 것이 절대로 아닙니다. 본질을 잊지 말라는 뜻입니다.

서로 지체가 되었느니라

애리조나 주의 인디언 보호구역 안의 작은 마을 피논에서 사는 열세 살 소년 가레트는 허름한 트레일러에서 엄마와 두 누이 그리고 사촌 동생 둘과 사는데, 비좁을 뿐만 아니라 겨울이면 굉장히 추웠습니다. 석탄은 비쌌고 여동생의 천식은 악화되었습니다. 가레트는 석탄 없이 난방을 할 수 있는 방법에 대해 곰곰이 생각했습니다. 문득 눈에 들어온 것은 태양이었습니다. 수업시간에 배운 태양광 발전이 생각났습니다. 고장난 자동차의 라디에이터와 쓰레기통에서 모은 음료수 캔 69개, 자전거의 튜브를 조립해서 태양광으로 물을 데우는 난방장치를 만들었습니다. 가레트의 난방기로 따뜻한 겨울을 날 수 있었고, 이 난방기는 미국 과학기술박람회에서 최고의 상을 받았습니다.

캐나다의 열네 살 소녀 케일라에게는 자폐아인 사촌동생 로레나가 있는데, 아는 알파벳은 오직 L자였습니다. 로레나는 피아노를

뚱땅거리는 것을 제일 좋아했습니다. 케일라의 머릿속에 문득 스치는 생각이 있었습니다. 건반에 알파벳을 써놓고 건반을 누르며 로레나를 가르쳤습니다. 결과는 대성공이었습니다. 케일라가 단어들을 읽기 시작했습니다. 케일라의 교육 프로그램은 캐나다와 20개 국이 넘은 특수학급에서 사용되고 있으며, 케일라는 2007년 CNN방송에서 선정한 올해의 영웅으로 뽑혔습니다. 그 날 로레나는 "사랑해! 케일라 언니!"라고 소리쳤고, 케일라와 많은 사람들이 감동의 눈물을 흘렸습니다.

가레트와 케일라가 발명의 길에 들어선 원동력은 '가슴 깊은 곳에서 꿈지락거리는 사랑'이었습니다. 이 두 소년소녀가 '하나님의 자비하심으로 권면하시는 지혜롭게 생각하는 길'을 구체적으로 멋지고 아름답게 보여주었습니다. 사도 바울이 말합니다. "이와 같이 우리 많은 사람이 그리스도 안에서 한 몸이 되어 서로 지체가 되었느니라"(롬 12:5). 사람으로 태어난 모두는 하나님의 자녀들이며 서로가 서로를 위해서 존재하라고 맺어준 가족들입니다. 그리스도 안에서 한 지체가 된 하나님의 가족들입니다. 그 시각과 사랑의 마음으로 세상을 바라보십시오. 하나님께서 영감을 주십니다. 아이디어와 능력을 주십니다. 그것으로 하나님께 영광을 돌리고 이웃을 살리는 삶이 바로 하나님께 드리는 영적 예배입니다. 삶 가운데 올바로 드리는 영적 예배는 100배의 결실을 맺게 합니다.

사도 바울은 이어서 은사에 대해서 길게 설명합니다. "예언이면 믿음의 분수대로"(롬 12:6). 예언은 앞날을 점치는 일이 아니라, 하나님께서 '맡기신 말씀預言'을 전하는 것입니다. "믿음의 분수"란 위에서 설명한 '믿음의 분량'과 동의어입니다. 즉 자신의 은사를 잘 이해하고 하나님의 뜻에 합당하게 전하라는 의미입니다.

"혹 섬기는 일이면 섬기는 일로, 혹 가르치는 자면 가르치는 일로"(롬 12:7) 섬기는 척, 가르치는 척하며 돈을 벌거나 인기를 얻겠다는 헛된 생각을 하지 말라는 것입니다. 명예나 부는 목표가 아니라 열심히 한 결과로 주어지는 것입니다.

"혹 위로하는 자면 위로하는 일로"(롬 12:8) 개역한글판에는 위로라는 단어가 '권위'로 번역되어 있는데 여기서 권위는 통치하는 것이 아니라 '권면하고 위로하는 일'입니다. 그런 일을 특별히 잘하는 사람들이 있습니다. 자신의 은사가 무엇인지 잘 찾아 그 일을 열심히 하라는 것입니다. 양선화 양이 사법시험을 친 것은 그에게 법조인으로서의 재능이 있었기 때문입니다.

"구제하는 자는 성실함으로, 다스리는 자는 부지런함으로, 긍휼을 베푸는 자는 즐거움으로 할 것이니라"(롬 12:8). 구제, 다스림, 긍휼 등 그 하는 일마다 그 가치와 그에 따르는 풍성한 은혜와 복을 담아놓으셨습니다. 그 은혜와 복을 누리고 베풀기 위해서는 올바른 태도로 올인을 해야 합니다. 눈가림으로는 절대로 통하지 않습니다.

사도 바울이 당부합니다. "자기의 육체를 위하여 심는 자는 육체로부터 썩어질 것을 거두고 성령을 위하여 심는 자는 성령으로부터 영생을 거두리라. 우리가 선을 행하되 낙심하지 말지니 포기하지 아니하면 때가 이르매 거두리라"(갈 6:8-9). 바로 이것이 내게서 복의 약속을 이루시는 하나님의 방법입니다.

서로 다른 재능을 주신 하나님

48세의 카툰작가 지현곤 씨의 말입니다. 카툰은 몇 컷으로 구성된 짧은 만화를 말합니다. "저는 만화를 보며 한글을 깨우쳤어요. 학교를 다닐 수도 없었거든요. 그림을 자꾸 보다 보니 글자가 눈에 들어오더라고요. 그때부터 만화와 소설을 끝없이 읽었습니다. 만화를 그리려고 그린 것은 아니고, 이 몸으로 할 수 있는 걸 하다 보니 여기까지 왔네요."

그는 2013년 4월 '가능성으로부터 현실로'라는 타이틀로 뉴욕 초대전을 열었습니다. 서울에서 그의 그림에 감동 받은 뉴욕의 아트게이트 갤러리 관장이 초청한 것입니다. 한국 작가로는 처음입니다. 더군다나 그는 만화가입니다. 그 초대전에서 그의 만화 50점은 장당 2,000달러임에도 모두 팔렸습니다.

지현곤 씨는 초등학교 1학년을 다니다만 것이 학력의 전부고, 마산 결핵병원에서 척추결핵 진단을 받고 마산 시내를 한 바퀴 돈 것이 세상을 본 전부입니다. 그 이후로 가로 2미터 세로 3미터의 옥탑방을 떠나본 적이 없습니다. 가난 때문에 치료 받지 못한 그의 두 발과 다리는 여전히 초등학교 1학년의 것으로 남아 있습니다. 하루 종일 엎드려서 만화를 그립니다. 그나마 오른팔은 오랫동안 몸을 지탱하느라 관절염이 생겨 심한 통증을 느낍니다. 그래도 오늘도 열심히 엎드려 만화를 그립니다.

그가 세상을 바라보는 유일한 공간은 옥탑방 화장실입니다. 하나밖에 없는 창문은 17층 아파트에 의해 시야가 완전히 막혀 있기 때문입니다. 화장실에 딸린 작은 창문 앞에 의자를 놓고 세상과 사람들을 바라보면서 아이디어를 얻습니다. 그의 대표작은 〈노아의 방주〉 시리즈로, 그의 모든 만화는 사랑과 위트와 희망으로 가득합니다. 어디에도 어두운 구석을 찾을 수 없습니다.

사도 바울이 당부합니다. "사랑에는 거짓이 없나니 악을 미워하고 선에 속하라"(롬 12:9). 악이란 나쁜 짓이 아닙니다. 우리가 가는 길을 좌절시키는 모든 것입니다.

하나님께서 모든 사람들에게 서로 다른 재능을 주셨습니다. 자신의 재능을 찾으십시오. 그 재능이 바로 하나님의 뜻입니다. 그 재능을 찾고 계발하고 발휘하여 하나님께 영광을 돌리고 이웃에게 유익을 끼치는 최선의 삶을 사는 것이 하나님의 선하신 뜻이며, 우리가 드릴 산 제물이며, 영적 예배입니다.

누군가를 쓰러뜨려야 내 자리가 생기는 것은 아닙니다.

나만이 할 수 있는 일을 찾고,

다른 사람들을 도와주는 일을 찾으라는 것이

예수님의 당부입니다.

20

선에 속하라

롬 12:9-21

피로사회

일류 검객이 되기 위해 열심히 수련을 하던 제자가 스승님께 물었습니다.

"훌륭한 검객이 되기 위해 얼마나 수련을 쌓아야 합니까?"

"최소한 10년은 필요하다."

"평소보다 갑절로 노력하면 시간을 절반으로 줄일 수 있을까요?"

"아니다. 그러면 20년은 걸릴 것이다."

"잠도 안 자고 수련에만 전념하면 일류 검객이 될 수 있을까요?"

"그렇다면 너는 절대 일류 검객이 될 수 없다."

의아해하는 제자에게 스승은 이렇게 말했습니다. "일류 검객이 되기 위해서는 한쪽 눈은 자기 자신을 볼 수 있도록 남겨두어야 한다. 끊임없이 스스로 반성해야 하기 때문이다. 지금 너의 두 눈은 모두 일류 검객에 고정되어 있는데 어찌 자신을 바라볼 수 있는 눈이 있겠느냐?"

유럽에서 선풍적인 인기를 끌고 있는 독일 카를스루 대학 한병철 교수가 쓴 《피로사회》는, 문명사회에 만연한 '번아웃burnout 신드롬'과 우울증의 원인을 '성과주의'에서 찾고 있습니다. 더 많이 일하면 더 높은 성과와 보상을 얻는다는 명제 아래 "너는 할 수 있어"라는 메시지가 천지사방에서 들려옵니다. 그 메시지에 세뇌된 사람들은 스스로 닦달하면서 정신없이 살아갑니다. 그런데 그 결과 이 아름다운 세상은 '피로사회'로 바뀌고, 사람들에게 주어진 것은 성공이 아니라 과다한 노동에 의한 탈진과 우울증입니다. 여기에 하나를 첨가할 것이 있습니다. 인간 자체의 몰락입니다. 사람다운 사람을 찾기 어렵습니다. 두 눈은 오로지 성공에만 초점을 맞추고 있어 고매한 인격이나 따뜻하고 넉넉한 성품 등은 미처 돌볼 시간이 없습니다. 온 세상이 맘몬이라는 사탄에 모두 다 놀아나고 있다고 해도 틀린 말이 아닙니다.

오늘날의 많은 교회도 대표적인 피로사회에 속합니다. 교회에서 외칩니다. "수고하고 무거운 짐 진 자들아 다 내게로 오라. 내가 너희를 쉬게 하리라"(마 11:28). 그래서 지친 사람들이 교회로 갔습니다. 그런데 아니었습니다. 해야 할 일이 너무 많았습니다. 예배, 전도, 봉사, 헌금, 기도, 구제 모두 보상과 성공에 초점을 맞춰져 있어서, 열심히 하지 않는 사람들은 게으른 열등생 취급을 당하고, 열심히 하는 사람들은 세상 일과 병행하느라 심신이 더욱 피곤해집니다. 뭔가 잘못 되어도 크게 잘못되었습니다. 그렇게 말씀하신 예수님의 깊은 뜻을 반드시 찾아야 합니다.

예수님께서 말씀하십니다. "나는 마음이 온유하고 겸손하니 나의 멍에를 메고 내게 배우라. 그리하면 너희 마음이 쉼을 얻으리니 이는 내 멍에는 쉽고 내 짐은 가벼움이라"(마 11:29-30). 예수님도 우리에게 멍에를 씌우고 뭔가 짐을 지우십니다. 그런데 과거 유대교가 백성들에게 부과했던 것이나 오늘날 교회에서 교인들에게 부과하는 종교적인 멍에와 짐을 비교해보면, 예수님의 멍에는 쉽고 가벼울 뿐 아니라 그것을 지고 가면 안식과 평안을 누립니다. 땅의 것과는 전혀 다른, 하나님의 안식과 평안입니다.

예수님의 멍에와 짐은 과연 어떤 것일까요?

멍에와 짐

사도 바울은 그리스도인들이 해야 하는 많은 일들을 열거합니다.

"형제를 사랑하여 서로 우애하고 존경하기를 서로 먼저 하라"(롬 12:10). "부지런하여 게으르지 말고 열심을 품고 주를 섬기라"(롬 12:11). "소망 중에 즐거워하며 환난 중에 참으며 기도에 항상 힘쓰라"(롬 12:12). "성도들의 쓸 것을 공급하며 손 대접하기를 힘쓰라"(롬 12:13). 교인들 중 가난한 사람들에게 필요한 것을 공급하고 나그네, 오늘날로 말하면 외국인 노동자나 탈북자들을 도우라는 것입니다.

"너희를 박해하는 자를 축복하라. 축복하고 저주하지 말라"(롬 12:14). 이것은 무척이나 어렵지만 그렇게 하라고 하십니다. "즐거워하는 자들과 함께 즐거워하고 우는 자들과 함께 울라"(롬 12:15). 남이 잘된 경우 샘내고 배 아파하지 말고, 어려운 일을 당한 사람들에게 무관심하지 말고, 함께 슬퍼하고 아파하라는 것입니다.

"서로 마음을 같이하며 높은 데 마음을 두지 말고 도리어 낮은 데 처하며 스스로 지혜 있는 체 하지 말라"(롬 12:16). 성공과 보상에 대한 강박감을 버리고, 언제나 자신보다 낮은 사람들을 돌보는 일에 힘쓰라는 것입니다.

"아무에게도 악을 악으로 갚지 말고 모든 사람 앞에서 선한 일을 도모하라"(롬 12:17). "할 수 있거든 너희로서는 모든 사람과 더불어 화목하라"(롬 12:18). 종교나 이념이나 생각이 다르다고 적대시하지 말고 그가 누구이든 사이좋게 지내라는 것입니다. "네 원수가 주리거든 먹이고 목마르거든 마시게 하라"(롬 12:20). 예를 들자면, 김일

성 일가가 말도 안 되는 일을 하지만, 굶주리는 북한 동포들을 먹이고 입히라는 것입니다.

할 일이 참 많습니다. 이 중에는 정말 하기 어렵고 힘든 일도 있습니다. 그런데 이 일들을 숙제처럼 생각해서는 안 됩니다. 또한 하지 않으면 하나님께서 벌을 내리신다고 생각하지 마십시오. 이 모든 일들의 가장 근본이 되는 원칙이 있습니다. 그것은 "사랑에는 거짓이 없나니 악을 미워하고 선에 속하라"(롬 12:9)입니다. 이 말씀에서 주의할 것은, "악을 미워하라"는 말인데 여기에 초점을 맞춰서는 안 됩니다. 잘못된 것을 비판하고 나무라는 데만 집중하는 사람들이 굉장히 많습니다. 사사건건 좌충우돌입니다. 그러다가는 궁극적인 목표인 '선에 속하지' 못하게 됩니다. 그래서 사도 바울은 "악에게 지지 말고 선으로 악을 이기라"(롬 12:21)고 강조하였습니다.

사랑으로 행하는가

먼저 우리가 살아가는 삶의 구조를 올바로 알아야 합니다. 그 구조는 대단히 간결합니다. 하나님은 끝없이 '창조'하십니다. 창조의 원동력은 '사랑과 진리'입니다. 반면 사탄은 오직 '파괴'에 몰두합니다. 파괴의 수단은 '증오와 거짓'입니다. 사탄의 충동질은 그럴

듯하게 들려도 모두 거짓이며 증오심을 조장하는 것입니다. 그래서 사탄을 "거짓의 아비"(요 8:44), "밤낮 참소하던"(계 12:10) '파괴의 영'이라고 규정합니다. 이사야는 사탄의 생각을 다음과 같이 설명합니다. "내가 하늘에 올라 하나님의 뭇별 위에 내 자리를 높이리라. 내가 북극 집회의 산 위에 앉으리라"(사 14:13). 뭇별 위에 군림하고 하나님을 대적하려는 그 마음이 바로 증오심의 원천입니다. 곰곰이 생각해보십시오. 오늘날의 화두話頭인 '성공지향'과 '무한경쟁'은 다름 아닌 사탄의 생각과 같습니다. 성공하지 말라는 뜻이 아닙니다. 뭇별 위에 좌정하겠다는 생각을 버리라는 것입니다.

카피라이터인 정철 씨가 이런 글을 썼습니다. "비누가 지배하던 욕실에 샴푸가 한 자리 차지할 수 있었던 건, 자신만의 전문분야를 확실히 보여주었기 때문입니다. 샴푸가 지배하던 욕실에서 린스가 한 자리 차지할 수 있었던 건, 샴푸의 일을 빼앗지 않고 도와주기 때문입니다. 누군가를 쓰러뜨려야 내 자리가 생기는 것은 아닙니다." 샴푸와 린스처럼 나만이 할 수 있는 일을 찾고, 다른 사람들을 도와주는 일을 찾으라는 것이 예수님의 당부입니다.

다시 돌아갑니다. 창조의 하나님과 파괴의 사탄의 한가운데 내가 서 있습니다. 내가 하나님께 속하면 내 생명은 살고 더욱 풍성해지고, 사탄에 속하면 내 삶은 황폐해지고 마침내 파멸에 이릅니다. 그러므로 스스로 가장 먼저 물어야 할 것은 '내 마음자리'입니다. 성공 여부가 아닙니다. 누차 말씀드립니다. 성공과 보상에 대한 강박감을 버려야 합니다. 하나님의 우리를 향한 관심사는 현세적인 성공이 아니라, 그리스도의 장성한 분량에 이르기까지 성장하는 것입니다.

따라서 무슨 일을 행할 때 가장 먼저 물어야 하는 것은, 이 일을 사랑으로 행하는 것이냐, 아니면 증오로 하는 것이냐입니다. 내 손해와 억울함과 복수심에 정당한 사유가 있다고 하더라도 증오에 의한 것이라면 반드시 멈춰야 합니다. 그렇지 않으면 나는 파괴됩니다. 예수님께서 십자가상에서 기도하십니다. "아버지, 저들을 사하여 주옵소서. 자기들이 하는 것을 알지 못함이니이다"(눅 23:34). 예수님은 이 땅에 오실 필요도, 십자가에 달리실 필요도, 또 그런 기도를 하실 필요가 없는 분입니다. 그러나 우리를 가장 사랑하기에 그렇게 하셨습니다. 예수님의 관심은, 오직 우리에게 그렇게 기도해서 어떤 일을 당하든지, 선으로 악을 이겨 하나님께 속하는 것입니다. 그래야 살고 내 생명이 더욱 풍성해지기 때문입니다.

어떤 일이 내게 손해되는 일이라도 사랑, 즉 내가 살고 남을 살리는 일이면 그 결과에 연연하지 말고 또 걱정하지 말고 행해야 합니다. 마음에 새기고 새겨야 하는 것은, 복은 하나님의 뜻에 합당한 선한 일에 담아놓으셨다는 점입니다. 그 일을 행할 때, 나도 모르는 사이에 하나님의 복이 내 삶에 가득하게 됩니다. 이것이 삶의 가장 기본이 되는 원리이자 유일한 성공의 원리입니다.

생명인 예수님의 멍에

우리 하나님 아버지는 '창조의 하나님'이십니다. 동시에 '언약의 하나님'이십니다. '창조와 언약' 이 둘을 잊어서는 안 됩니다. 하나님께서 온 우주만물과 인간을 창조하셨습니다. 우리와 언약을 맺으십니다. 그 언약을 믿고, 하나님을 향해 나갑니다. 하나님께서 그 언약을 이루며 나를 성장시키며 점점 더 새로운 존재, 그리스도의 장성한 분량에 이르기까지 창조해나가십니다.

하나님께서 사도 바울을 통해 말씀하십니다. "내 사랑하는 자들아. 너희가 친히 원수를 갚지 말고 하나님의 진노하심에 맡기라"(롬 12:19). 이 말씀은 바로 하나님의 언약이고 약속입니다. 이 언약을 믿고 정말 너무나 힘들지만 내 손의 칼을 내려놓습니다. 분노가 불쑥불쑥 치밀어 오를 때마다 이를 악물고 기도합니다. 그렇게 기도가 더해지노라면 어느새 내 마음에 하나님의 평강과 안식이 자리를 잡았음을 알게 됩니다. 창조의 하나님께서 나를 재창조하신 것입니다.

오늘 본문을 통해 가르쳐준 내용들은 분명 행하기가 대단히 어렵습니다. 그런데 이것은 모두 우리가 가야 할 방향입니다. 올바른 방향을 가르쳐주신 것 자체가 은혜 중에 은혜입니다. 감사함으로 힘들더라도 가야 합니다. 갈수록 내 그릇은 더욱 커지고 깨끗해집니다. 그 그릇 안에 하나님께서 넘치게 복을 허락하십니다. 또한 모두

다 더불어서 함께 행하는 것들입니다. 요즈음처럼 살벌하고 메마른 세상에서 좋은 공동체에 내가 속해 있는 것처럼 중요한 것도 없습니다.

영국 시인 W. H. 오든은 인간에게만 허락된 세 가지가 있다고 말합니다. 일, 웃음, 기도입니다. 그가 말합니다.

> 개인이든 공동체이든 간에, 일과 웃음과 기도 이 세 가지에 적절한 관심을 가져야 만족스러운 삶이 가능하다. 기도와 일이 없으면 사육제의 웃음은 추잡한 것이 되며, 코미디의 유머는 지루하고 외설스러워지며, 조롱은 순식간에 미움과 잔인함으로 돌변한다. 웃음과 일이 없으면 기도는 지식 중심적이고 변덕스럽고 형식적인 행위로 전락한다. 반면 웃음과 기도 없이 일만 하면 권력에 미친 사람이 되고, 자연을 욕망의 포로로 삼는 폭군이 되고 만다. 그러다 결국 허상의 섬에서 파선하는 배처럼 파멸을 맞는다.

이기적인 욕망과 살벌한 경쟁과 정신을 차릴 수 없는 유혹이 난무하는 세상에서, 하나님께서 원하시는 행복한 삶을 사는 현명한 길을 가르쳐주는 현명한 사람이 있습니다.

그리스 로마 신화에 사이렌이라는 바다 요괴들이 있습니다. 아름다운 노래를 불러 선원들을 유혹합니다. 그들의 노래는 아주 고혹적이어서 듣고 있으면 도저히 저항할 수 없습니다. 그렇게 노래를 듣고 다가온 배들을 파선시켜 버립니다. 오디세우스는 그 노래가 무척이나 듣고 싶었습니다. 그래서 노 젓는 선원들의 귀를 막고, 자신을 돛대에 꽁꽁 묶었습니다. 드디어 사이렌의 노래가 들려왔고, 오디세우스는 몸부림을 치며 소리를 쳤습니다. "방향을 틀어라!" 그러나 귀를 막은 선원들은 그 명령을 듣지 못했습니다. 그래서 무사히 지나갈 수 있었습니다. 그런데 오르페우스는 오디세우스와는 달랐습니다. 하프의 달인인 그는 아름다운 음악을 연주하였고, 선원들은 하프 소리에 빠져 사이렌의 노랫소리를 듣지 못했습니다.

예수님께서 우리에게 지워주시는 멍에와 짐은 생명의 소리요, 세상의 어떤 가르침도 따를 수 없는 천국의 말씀입니다. 그 말씀에는 최고의 사랑과 배려와 화평과 소망과 위로가 있습니다. 그 말씀에 귀를 기울이며, 그 말씀 따라 살아가십시오. 오늘의 가르침을 지키지 않으면 벌을 받는 숙제로 생각하지 마십시오. 때로는 놀며 쉬며 지킬 힘을 주시는 하나님께 간구하며, 또한 감사하고 서로 격려하며 가노라면 세상 유혹은 어느새 다 지나버리고, 나는 하나님의 복이 흘러넘치는 복 자체가 되어 있을 것입니다.

예수님은 십자가에서 자신의 몸을 화목제물로 바치셨습니다. 하나님의 뜻을 왜곡하며 신앙생활을 지옥으로 만든 사람들, 하나님을 모른 채 삶을 저급한 욕망의 탐욕스런 충족으로 전락시킨 사람들을 하나님과 화해시키고 천국의 즐거움을 회복하기 위해서입니다.

사도 바울이 말합니다. "우리 주 예수 그리스도의 은혜를 너희가 알거니와 부요하신 이로서 너희를 위하여 가난하게 되심은 그의 가난함으로 말미암아 너희를 부요하게 하려 하심이라"(고후 8:9).

하나님 외에 내가 의지하는 모든 것을 하나님께서 제하십니다.
거짓 선지자나 거짓 위정자만 제하는 것이 아닙니다.
참된 선지자, 올바른 위정자라도
내가 맹종한다면 그를 제하여버리신다는 것입니다.

21

모든 권위에 복종하라고요?

롬 13:1-5

권위에의 복종

2차 세계대전 당시 본회퍼 목사는 히틀러 암살에 가담했다가 사형을 당합니다. 우리나라에서도 독재정권에 저항하다가 수많은 사람들이 죽거나 다쳤습니다. 요즈음도 회사의 부당한 해고에 저항하다가 죽거나 다치거나 감옥에 가기도 합니다.

불의한 정권, 하나님의 종이라며 전횡을 일삼는 목회자, 비인격적인 교사, 불의를 저지르는 고위 관리자 등 권세를 가진 사람들에 의한 참기 어려운 폭거가 도처에서 자행됩니다. 이에 대해 과연 어떻게 반응해야 하는가는, 먹고 사는 문제를 넘어 생사와도 연관된 심각한 질문입니다. 그런데 이 질문에 대해 놀랍게도 사도 바울은 이렇게 답합니다. "각 사람은 위에 있는 권세들에게 복종하라. 권세는 하나님으로부터 나지 않음이 없나니 모든 권세는 다 하나님께서 정하신 바라"(롬 13:1). 참으로 어안이 벙벙해지는 답입니다.

일단 마음을 가라앉히고, 사도 바울은 왜 이렇게 말했는지 그 이유를 알아보기 전에 피터 드러커의 말을 먼저 들어봅시다. 《미래를 읽는 힘》이라는 책에서, 그는 "상사를 과소평가하지 말라"면서 상사를 다루는 방법 네 가지를 제시합니다.

> 첫째, 상사도 당신처럼 평범한 인간임을 늘 명심하라.
>
> 둘째, 상사를 사람의 마음을 헤아려주는 사람으로 생각하지 말라. 오히려 상사는 부하의 생각과 의도와 상태를 파악하기를 원하며, 먼저 자신의 생각과 의도에 대해 상사에게 말하지 않으면 오해를 사거나 오류를 범하거나 심지어는 치명상을 입을 수 있음을 명심하라.
>
> 셋째, 모든 사람들의 머릿속이 스스로의 일로 가득하듯이, 상사는 자신의 맡은 일로 여유가 더 없다.
>
> 넷째, 상사를 과소평가해서는 절대 안 된다. 과대평가의 결과는 실망으로 그치지만, 과소평가의 결과는 참담할 수 있다.

여기에 피터는 "상사를 변화시키려 해봤자 소용없는 일이다. 상사를 변화시키는 데 성공한 비서는 하나도 없다"는 말을 덧붙입니다. 이 네 가지를 전제로 "언제 그 상사를 떠날 것인가"에 대해서도 조언합니다.

> 첫째, 상사가 부패한 경우, 거기에 나도 익숙해져서는 절대로 안 된다. 자신도 그런 사람이 될 것이라는 판단이 서면 떠나야 한다.
> 둘째, 상사가 무능한 경우에도 버려야 한다. 그러나 상사를 과소평가하여 무능한 것으로 판단해서는 안 된다.
> 셋째, 유능한 상사도 때를 봐서 떠나야 하는데, 이때 신중을 기해야 한다. 상사가 너무 유능하여 자신의 입지가 없다는 사실을 상사에게 반드시 알리는 것이 대단히 중요하다. 정말 유능한 상사라면 자신의 잘못을 깨닫고 그 사람에게 여러 기회를 제공하기 때문이다.

여기에도 그는 한 마디를 덧붙입니다. "그러나 중년이 넘으면 함부로 떠나서는 안 된다." 그렇다고 해서 마음도 없이 상사에게 아부하거나 부하에게 인기 전술을 써서도 안 됩니다. 상사나 부하나 모두 상호 '신뢰'를 쌓아야 하며, 신뢰의 최종무기는 '진실'입니다. 피터 드러커의 상사 대처요령은 불의한 권위에 어떻게 대처해야 하는지에 대한 나름의 지혜롭고 구체적인 답이 될 수 있습니다.

복종하라는 말의 뜻

이제 "각 사람은 위에 있는 권세들에게 복종하라"(롬 13:1)는 말씀을 통해 조금 더 깊이 들어가봅시다. 먼저 "복종하라"는 말의 뜻을 정확히 알아야 합니다. '복종하라'에 해당되는 '휘포탓세스도'라는 헬라어는 군사용어로, 지휘관의 명령에 병사들이 복종하는 자세나, 전쟁에서 패한 군사들이 승리자에게 취하는 태도를 의미합니다. 이 말에는 긍정적인 의미는 별로 없습니다. 자진해서 따른다는 '순종'과는 달리, 달리 방법이 없으니까 인정한다는 뜻이 강합니다.

먼저 우리 예수님이 어떻게 하셨는지 살펴봅시다. 당시 온 세상은 로마의 지배를 받고 있었고, 많은 유대교 지도자들은 특권을 누리며 불의와 횡포를 저질렀습니다. 이에 맞서 가롯 유다와 같은 열혈당원은 무력으로 로마를 전복시키려 하였습니다. 그런데 예수님은 칼로 대적하는 자는 칼로 망한다고 하시면서, 그 모든 불의한 폭력들을 묵묵히 몸으로 받아냈고, 끝내는 십자가에 처형되셨습니다. "가이사의 것은 가이사에게, 하나님의 것은 하나님께 바치라"(마 22:21) 하면서 로마의 존재와 세금 징수를 인정하셨습니다. 또한 헤롯왕을 "여우"(눅 13:32)라 하였고, 당시 종교지도자들을 "독사의 자식" "회칠한 무덤" '위선자'라고 신랄하게 비판하셨습니다. 예수님은 하나님의 아들이니까 그렇게 할 수 있다고 생각해서는 안 됩니다. 당시 예수님은 일개 목수로 가난한 하층민이셨습니다. 그런데 사도 바울의 다음 말을 들으면 예수님의 행동도 의문이 생깁니다. "권세는 하나님으로부터 나지 않음이 없나니 모든 권세는 다 하나님께서 정하신 바라. 그러므로 권세를 거스르는 자는 하나님의 명을 거스름이니 거스르는 자들은 심판을 자취하리라"(롬 13:1-2). "그렇다면 예수님은 하나님의 명을 거스른 것이네요. 그래서 하나님의 심판을 받았네요"라고 말할 수 있습니다. 그러나 분명히 할 것이 있습니다. 예수님은 로마나 종교지도자들의 지위와 권세를 인정하셨고, 그래서 묵묵히 십자가 처형을 당하셨습니다. 여기서 말하는 심판은, 하나님의 심판이 아니라 그들의 심판입니다. 권세를 비판한다고 해서 하나님의 심판을 받는 것은 절대로 아닙니다. 요즈음 말로 '쫄지 않아도' 됩니다. 권위를 인정하는 것과 권위를 비판하는 것은 별개의 사안입니다.

권위를 인정하는 것과 권위를 비판하는 것

가장 깊은 본질로 들어가봅시다. 하나님께서 천지만물을 창조하시고 모든 것을 경영하십니다. 악한 나라는 역사 이래로 언제나 존재해왔습니다. 악한 사람이나 나라를 왜 내버려두시는가 하겠지만 악할 때마다 징벌하셨다면 인간은 이미 존재하지 않을 것입니다. 하나님께서는 이집트, 아람, 블레셋, 앗수르, 바벨론, 페르시아,

로마 등의 이방 나라들을 사용하여 이스라엘을 훈련시키고 징계하셨습니다. 그들은 하나님의 도구입니다. 사용하신 후 해체시킵니다. 그래서 영원한 제국은 없습니다. 이것이 가장 기본적인 개념입니다.

하나님께서는, 다니엘과 그 친구들을 바벨론 정부에서 고위직을 수행하게 하시고, 또 예레미야를 통해서 포로인 이스라엘 백성들에게 적극 바벨론이 흥하도록 힘쓰라고도 하셨습니다. 이어서 하나님을 전혀 모르는 페르시아 고레스 황제를 사용하여 이스라엘을 바벨론으로부터 해방시키시고는 고레스에게 "여호와의 종"이라는 엄청난 칭호를 허락하십니다. 그렇다고 언제나 반드시 지배자들을 위하라는 것이 아닙니다. 일제 앞잡이 노릇을 한 이완용 일당과 같은 행위들이 정당화되는 것도 아닙니다. 상황마다 다릅니다. 이방 나라에서 활동한 하나님의 사람들은, 자신의 이익을 챙긴 것이 아니라, 하나님의 뜻에 따라 어떤 불이익도 감수한 진정한 신앙인이었습니다.

예수님 당시 로마가 전 세계를 정복하고 모든 길은 로마로 통하는 PAX ROMANA를 이룩하였습니다. 이들은 정복한 나라의 종교를 인정해주었습니다. 사도 바울이 로마 시민권을 가지고 로마가 열어놓은 길을 따라 세상 어디나 자유로이 여행하며 복음을 전할 수 있었습니다. 당시는 비록 이스라엘이 로마 식민지였지만, 기독교가 전 세계로 전파될 수 있었던 최적의 시기였습니다. 그렇다면 왜 이스라엘을 최고 강대국으로 만들어서 하나님을 전 세계에 알리도록 하지 않았는가 하는 의문이 생길 수도 있습니다. 그러나 왜곡된 선민의식과 과도한 기복신앙으로 변질된 이스라엘이 식민 통치 아래서도 오만했는데, 강대국이었다면 하나님을 제대로 알릴 수가 없었을 것입니다. 요즈음을 생각해보면 쉽게 납득이 될 것입니다. 하나님께서는, 하나님의 사람들을 끊임없이 낮추고 바로 잡으십니다. 하나님을 올바르게 전하는 것을 결코 잊어서는 안 됩니다.

모든 권위에 복종하라는 말씀을 올바로 이해하기 위해서는 사도 바울의 당시 정신을 이해해야 합니다. 그러기 위해서는 다음의 질문에 답을 해야 합니다. 바울은 자신을 권세자라고 생각하고 있을까요? 아닙니다. 추호도 그렇게 생각하지 않습니다. 예수님은 물론, 바울이나 다른 제자들도 자신이 권세를 가졌다고 생각하지 않습니다. 모든 권위에 복종하라는 말씀은 특히 로마 권력의 한가운데 살고 있는 로마의 그리스도인들에게 하는 당부입니다. 당시는 로마 황제의 절대 권력 아래 언제 죽을지도 모르는 상황이었습니다. 그러므로 이 말씀은 그런 권세 아래 믿음을 잘 지키며 살아가는 길을 제시한 것입니다. 따라서 이 구절을 권세자들의 자기 옹호나 합리화를 위해서 악용하면 절대로 안 됩니다. 이것이 가장 바탕이 되는 바울의 정서입니다.

또한 바울은 정치적이지도 않았습니다. 톰 라이트는 그의 책《바울》에서 귀담아 들어야 할 말을 합니다. "현대인들은 정치적 선택이라는 고정된 틀 안에서 자라났다. 좌로 갈수록 정부와 권력 구조에 반대하고 우로 갈수록 안정된 정부와 권력 구조를 지지하는 좌우 스펙트럼에 갇혀 있다. 그러나 바울은 좌우 스펙트럼에 갇혀 있지 않고 초월해 있었다." 사도 바울도 당연히 예수님과 같은 태도입니다. 사도 바울은 정치에는 별 관심이 없었습니다. 또한 로마는 당시 그 어느 나라보다도 합리적이었습니다. 그렇다고 해서 사도 바울이 친로마적이지 않았습니다. 그저 로마의 정치와 제도와 시설과 시민권을 이용하여 하나님나라를 세우는 데 집중하였습니다.

흔히 한국 기독교를 우파, 보수파로 분류합니다. 진보진영에서 반미데모를 하면, 많은 기독교 단체들이 모여 친미데모를 합니다. 기독교를 전해준 미국을 지지해야 정통 기독교라고 생각합니다. 그러나 잘못된 생각입니다. 올바른 그리스도인은 좌도 우도 아닙니다. 친미도 반미도 아닙니다. 목사 무조건 지지파도 목사 반대파도 아닙니다. 자신이 지지하는 이념이나 사람을 추종하지도 않습니다. 더구나 맹종이나 목숨을 거는 일은 절대로 하지 않습니다. 오직 세상의 창조자이자 통치자이자 심판자는 삼위일체 하나님이심을 믿고, 그분의 뜻을 헤아리며 어떤 어려움도 감수하고 행하는 사람들입니다. 그분의 뜻에 어긋나면 목숨 걸고 반대할 수도 있습니다.

그래서 히틀러 암살에 가담했던 디트리히 본회퍼 목사는 정당한 일을 한 것입니다. 본회퍼 목사는 증오심으로 그 일을 수행한 것이 아닙니다. 승승장구하는 히틀러에 열광하며 맹종하는 독일 국민과 교회에 경종을 울린 《나를 따르라》는 '20세기 판 《그리스도를 본받아》' 라고 할 수 있습니다. 그 책에서 증오와 분노는 찾을 수 없습니다. 감옥에서도 본회퍼 목사는 깊고 따뜻한 섬김의 자세로 살다가 39세의 나이로 담담하게 그리고 당당하게 죽음을 받아들였습니다. 증오심과 분노는 자신을 가장 먼저 파멸시킨다는 사실을 잊어서는 안 됩니다.

맹종의 우

기독교 방송 PD들과 저녁식사를 하며 들은 이야기입니다. 요즈음 물의를 일으키고 있는 목사들에 대한 전화를 많이 받는데 "목사는 하나님이 세우셨다. 그러므로 하나님께서 심판하시지, 사람들이 하는 것이 아니다. 사람들의 비판을 방송에서 하지 말라"는 내용이 굉장히 많다고 합니다. 이런 사람들은 그 목사 추종자들로서 큰 잘못을 하고 있습니다. 그 존재와 권위를 인정하라는 것은 맹종하라는 것이 아닙니다. 잘못이 있으면 얼마든지 지적하거나 비판할 수 있습니다. 하나님은 자기가 세운 사람에게 저항했다고 보복하는 조폭 두목이 아닙니다.

예언자 이사야가 외칩니다. “보라, 주 만군의 여호와께서 예루살렘과 유다가 의뢰하며 의지하는 것을 제하여 버리시되 곧 그가 의지하는 모든 양식과 그가 의지하는 모든 물과 용사와 전사와 재판관과 선지자와 복술자와 장로와 오십부장과 귀인과 모사와 정교한 장인과 능란한 요술자를 그리하실 것이며”(사 3:1-3). 하나님 외에 내가 의지하는 모든 것을 하나님께서 제하십니다. 거짓 선지자나 거짓 위정자만 제하는 것이 아닙니다. 참된 선지자, 올바른 위정자라도 내가 맹종한다면 그를 제하여버리신다는 것입니다. 그래서 모세를 가나안 땅에 들어가지 못하게 하셨고, 바울이나 베드로가 로마 교회를 세우지 못하게 하셨고, 그들을 일찍이 데려가셨습니다. 모두 맹종에 대한 방지책이라고 할 수 있습니다.

주변을 살펴보십시오. 어리석은 인간들은 종교, 정치, 문화 등 사회의 모든 분야에서 끝없는 맹종의 우를 범합니다. 그래서 교회에서 목사는 ‘먹사’가 되고 평신도는 ‘병신도’가 됩니다. 그러나 하나님 외에 그 어떤 것도 맹종해서는 절대로 안 됩니다. 사도 바울이 말합니다. “그[관원]는 하나님의 사역자가 되어 네게 선을 베푸는 자니라”(롬 13:4). 이 말은 권세를 가진 자의 책임을 의미합니다. 정부 관리조차 하나님의 사역자로서 선을 이루는 자라면, 목회자는 당연히 그래야 합니다.

로마서 12장에서 15장까지 하나님의 자녀로서, 그리스도인으로서 어떻게 살아야 하는지 가르치는 구체적인 사항들입니다. 이 모든 사항은, 첫째 이 세대를 본받지 않고 하나님의 기뻐하시는 뜻을 분별하고 나를 하나님께 온전히 드리며, 둘째 선으로 악을 이기며, 셋째 피차 사랑의 빚 외에는 지지 말라는 원칙에 포함됩니다. 각론들을 대원칙으로 생각하여 갇히지 마십시오. 즉 하나님께서 세우셨다고 벌벌 떨지 마십시오.

영원한 권세자는 없습니다. 언제나 겸손하십시오. 눈치 보지 말고 맡은 일을 주님의 마음으로 주님께 하듯 열심히 하십시오. 두려워할 자를 지혜롭게 다루며 존경할 자에게서 많이 배우십시오. 그리하여 이 험한 세상에서 존경받는 하나님의 리더로 성장하여 신나게 일하며 베풀며 사십시다.

죽어서도 여전히 이 우울감에서 벗어나지 못하면 어쩌나 하는
두려움이 있습니다. 그것이 바로 지옥이기 때문입니다.
하지만 걱정하지 않습니다.
하나님 아버지가 계시기 때문입니다.

|

22

연약한 자를 위하여

롬 14:1-8

사랑을 통한 변화

머리가 복잡해지면 종종 찾아가는 곳이 있습니다. 강원도 홍천군 내촌면 물걸리에 있는 팔렬고등학교입니다. 그곳에는 신학봉 교장 선생님이 있습니다. 신학대학원 동기인 신교장은 제가 아는 사람 중에 가장 맑은 사람입니다. 그를 만나 특별히 하는 것은 없습니다. 그저 함께 밥 먹고 아침에 일찍 일어나 시골 길을 걷고 때가 되면 자는 것뿐입니다. 그러면서 대화를 나누다 옵니다. 1년에 잘해야 한두 번 만나는 게 고작이지만, 30년 동안 이어진 그와의 교제에서

"저건 좀 고쳐야 해", "저런 점이 부족하구나"라고 느낀 적이 한 번도 없습니다. 신교장은 격무로 때때로 지쳐 있긴 했지만, 매번 더 넓어져 있었고 더 깊어져 있었습니다. 그 친구가 화를 내는 것을 본 적이 없습니다. 마음에 안 드는 일이 있어도 얼굴에 화가 언뜻 스치고 좀 엄하고 단정적인 말투로 바뀔 뿐입니다.

오지 마을의 작은 중학교 평교사로 출발한 그는 교장이 된 후, 200억 가까이 되는 돈을 유치하여 기숙학교를 세우고 말썽쟁이들을 모아 가르치고 있습니다. 학생 대부분이 흡연자들이기에 학생들을 위한 흡연 장소가 따로 설치되어 있고, 그곳으로 가려면 교장실 앞을 지나가야 합니다. 담배 피우러 가는 학생들에게 유리창 너머로 손을 흔듭니다. 그리고 웃으며 말합니다. "아이고 저 놈들…" 학생들을 바라보는 친구의 눈에는 사랑이 가득합니다.

시골 아주머니같이 생긴 신교장은 수줍음이 많은 사람입니다. 남에게 손 벌리는 일과 아쉬운 소리 하는 것을 제일 못합니다. 매번 누가 밥값을 내느냐로 다투는데 제가 한 번도 이긴 적이 없습니다. 그런 신교장이 그 오지에 재단과 지자체로부터 그 엄청난 돈을 끌어들일 수 있었던 유일한 힘은 '학생 사랑'입니다. 이화 재단이 설립한 그 학교의 선생님들은 모두 독실한 기독교인입니다. 음주와 흡연을 죄악시하는 선생님들과 말썽쟁이 학생들이 매번 부딪히는 것은 흡연문제였습니다. 선생님들은 흡연하는 학생들을, 시작부터 신앙적으로는 죄인, 교육적으로는 문제아 취급을 하였습니다. 이

부동의 고정관념은 선생님들을 감시자로 학생들은 반항아로 만들었고, 신뢰 대신 들어앉은 반감 때문에 교육이 제대로 될 리가 없었습니다. 신교장은, 학생들을 받아들인 목적은 '금연이 아니라 변화'라며, 완고한 재단과 선생님들을 설득하여 흡연을 자율화하였습니다. 3년 동안 같은 담임선생님과 함께 웃고 울며 말썽쟁이 아이들은 변화되고 성장하여 자신의 길을 찾아 떠납니다.

제가 제일 좋아하는 신교장의 최강점은 '사랑을 통한 변화'라는 대원칙을 철저히 지키며 그 원칙 아래 모든 일을 결정한다는 점입니다. 거기서 벗어나는 것을 본 적이 없습니다. 어떤 반대와 어려움이 있어도, 지치고 힘들어도 그 원칙에 충실합니다. 그런 신교장을 보노라면 가슴 밑바닥에서 새 힘이 솟아오르는 것을 봅니다. 그리고 제 스스로 다짐합니다. "그래, 나도 저렇게 가자."

그는 조기 은퇴를 생각하고 있었습니다. 정태기 교수님이 더 늙기 전에 그 밑에서 상담을 배워 남은 인생을 청소년상담을 위해서 사용하기 위함입니다. 그런 친구를 주신 하나님께 감사하지 않을 수 없습니다.

거치는 것이 되지 않게

사도 바울이 말합니다. "이로써 그리스도를 섬기는 자는 하나님을 기쁘시게 하며 사람에게도 칭찬을 받느니라"(롬 14:18). 이것이 모든 그리스도인의 로망입니다. 강원도 물걸리 팔렬고등학교 신교장은 그 실체입니다. 로마서 14장에서 다루고 있는 문제는 오늘날 기독교인의 흡연 문제와 본질상 같습니다. 각 종교마다 금기사항이 있습니다. 불교도는 육식문제, 유대교와 회교도는 돼지고기 문제, 기독교인은 음주 흡연문제 등입니다. 어디서는 가한데, 다른 데서는 불가합니다. 또한 교단마다 차이가 납니다. 제가 근무했던 미국 교회는 대단히 보수적인 교회인데 흡연실이 따로 있고 복도에 재떨이가 놓여 있었습니다. 흡연은 자유로운데 음주에 대해서는 매우 엄격했습니다. 또 음주에 대해서는 엄격해도 예수님께서 마셨다면서 포도주는 허용하는 교회들도 있습니다. 이렇듯 다릅니다. 그런데 문제는 무엇을 먹고 마시는가 하는 문제가 기독교 교파에 따라 신앙의 근간을 흔드는 기준이 된다는 것입니다. 이러한 문제들을 수많은 논쟁을 야기합니다.

먼저 로마 교회에서의 문제는 무엇이었는지 알아봅시다. 당시 시중에서 파는 육류들은 거의 모두 이방신들에게 바쳤던 것입니다. 신전에서 빼돌린 것이 아닙니다. 경제 시스템 자체가 그랬습니다. 바친 제물 중 제사장 몫은 시장에 내다 팔아 생활비로 썼습니다. 그런데 이 고기가 문제를 일으킨 것입니다. 이방신에게 바쳤던 고기를 먹을 때 신앙에 거리낌을 느끼는 사람들이 많았습니다. 제사 때 사용한 과일은 아래 위가 조금씩 잘려 있는데, 어린 시절 옆집에서 제사를 드리고 난 과일을 우리 집에 보내오면 어머니는 먹지 못하게 하셨습니다. 어릴 적 교육이 무서운지라, 요즈음도 그런 과일을 먹으려면 다소 꺼림칙합니다. 그와 똑같은 것입니다.

자, 그런 고기를 자유로이 먹는 사람과 먹지 않는 사람 중 누구의 신앙이 더 좋은 것일까요? 언뜻 생각하면 먹지 않는 사람의 신앙이 더 좋은 것 같습니다. 그런데 그 반대입니다. 사도 바울이 말합니다. "어떤 사람은 모든 것을 먹을 만한 믿음이 있고 믿음이 연약한 자는 채소만 먹느니라"(롬 14:2). 가리지 않고 먹는 사람의 믿음이 더 좋은 것이라고 말하고 있습니다. 예수님께서도 그러셨습니다. 유대교에서 금하였던 음식들을 거리낌 없이 잡수셨습니다. 그런 예수님을 바리새인들은 "먹기를 탐하고 포도주를 즐기는 사람"(마 11:19)이라고 비방하였습니다. "포도주를 즐기는 사람"이란 '술주정뱅이'라는 뜻입니다. 이런 말은 음주 흡연하는 교인들에게는 최고의 면죄부가 아닐 수 없습니다. 하지만 다음 말씀을 들어야 합니다. "먹는 자는 먹지 않는 자를 업신여기지 말고 먹지 않는 자는 먹는 자를 비판하지 말라. 이는 하나님이 그를 받으셨음이라"(롬 14:3).

한 기독교 잡지사에서 목회자를 대상으로 설문조사를 실시했는데 그 주제는 "교회에서 문제를 잘 일으키는 사람은 누구인가?"였습니다. 1위 40일간 금식기도한 사람, 2위 철야기도 잘하는 사람, 3위 신학공부한 장로 순이었습니다. 금식기도, 철야기도, 신학공부 모두 신앙성장을 위해서 하는 것입니다. 그런데 자신의 신앙성장을 위해서 쓰지 않고 남을 비판하고 정죄하는 데 사용해서 문제를 일으킵니다. 사도 바울이 세상의 권위자에 대한 태도나 음식에 대해 말하면서 이를 하나님의 말씀으로 전하는 이유는, 본질을 정확히 알고 비본질에 휘둘리지 말고 위축되지 말라는 것입니다. 하나님의 자녀다운 삶이란, 내가 그리스도의 장성한 분량에 이르기까지 성장하면서, 연약한 이를 도와 그들도 그렇게 성장하도록 하는 것입니다.

스캇 펙 박사의 《아직도 가야 할 길》에서, 이 땅에서 해야 할 일은 '사랑'이라고 규정하면서, 사랑을 "타인의 정신적 성장을 도와줄 목적으로 자기 자신의 경계를 확장해나가는 시도"라고 정의합니다. 예수 그리스도와의 관계를 통해 내가 성장하고, 나아가서 성장한 내가 다른 사람들과의 관계를 통해 상대방을 성장시켜 나가는 것, 즉 "생명을 얻게 하고 더 풍성히 얻게 하려는 것"(요 10:10)이 인생의 목적입니다.

우리나라 초대 교회 때는 음주와 흡연은 자연스러운 것이었습니다. 그런데 선교사들이 보기에 사회적으로나 가정적으로나 그 폐해가 컸습니다. 그래서 금지하였고, 그것이 한국 기독교의 전통으로 굳어졌습니다. 권장하자는 것이 절대로 아닙니다. 영적인 문제가 아니라는 뜻이며, 믿음과는 관계가 없었다는 말입니다. 사도 바울이 말합니다. "모든 것이 가하나 모든 것이 유익한 것은 아니요. 모든 것이 가하나 모든 것이 덕을 세우는 것은 아니니 누구든지 자기의 유익을 구하지 말고 남의 유익을 구하라"(고전 10:23-24).

하나님께서 창조하신 모든 것은 각각의 존재 목적과 이유가 있습니다. 그 창조의 목적과 존재이유를 잘 알고 창조 목적에 따라 잘 사용해야 합니다. 오용하거나 남용해서는 안 됩니다. 모르핀을 남용하면 그 무엇보다도 나쁜 마약이 됩니다. 그러나 모르핀이 없다면 수술할 때 생살을 찢어야 합니다. 같은 원리입니다. 건강과 안녕을 위하여, 나아가서는 믿음이 연약한 사람이 실족하지 않도록 스스로 금하고 절제하라는 것입니다. 사도 바울이 말합니다. "그런즉 우리가 다시는 서로 비판하지 말고 도리어 부딪칠 것이나 거칠 것을 형제 앞에 두지 아니하도록 주의하라"(롬 14:13). "고기도 먹지 아니하고 포도주도 마시지 아니하고 무엇이든지 네 형제로 거리끼게 하는 일을 아니함이 아름다우니라"(롬 14:21). 사도 바울이 초점을 맞추고 있는 것은 연약한 사람을 위한 배려입니다.

연약한 이를 위한 배려

'배려'는 21세기의 화두입니다. 성공을 향한 무한경쟁에 내몰린 현대인들에게 돌아온 것은, 성공이 아니라 좌절과 극심한 피로감이었습니다. 한상복 씨가 쓴 《배려》라는 책은 "진정한 성공은 배려하는 사람의 것"임을 피력합니다. 남을 위한 배려가 곧 내 자신을 위한 배려임을 알게 됩니다. 우리 삶의 자세를 경쟁에서 배려로 바꿀 때 못 보던 것이 보이기 시작합니다. 배려에 얼마나 목이 말랐는지, 한상복 씨의 《배려》를 2006년 올해의 책으로 선정할 정도였습니다. 성공하고 싶습니까? 경쟁심을 버리고 배려하는 마음을 가져야 합니다. 경쟁심은 비판과 반목만 증대시킵니다. 반면 배려는 평강과 희락을 증대시킵니다. 단순히 영적으로 정신적으로 끝나는 것이 아닙니다.

예수님을 수많은 무리들이 쫓았습니다. 예수님의 가르침은 사흘간이나 계속되었습니다. 사람들의 영적 갈급은 배고픔을 능가했습니다. 그러나 장소는 광야, 음식이 있을 리가 없습니다. 그때 한 꼬마가 물고기 두 마리와 다섯 덩이의 떡을 예수님께 드렸습니다. 배고픈 사람들을 위한 배려였습니다. 우리는 잘 알고 있습니다. 장정만 5,000명, 그들이 배불리 먹고도 열두 광주리가 남았습니다. 무엇이든 배려의 마음으로 행하면 성공합니다.

그래서 사도 바울이 말합니다. "하나님의 나라는 먹는 것과 마시는 것이 아니요, 오직 성령 안에 있는 의와 평강과 희락이라. 이로써 그리스도를 섬기는 자는 하나님을 기쁘시게 하며 사람에게도 칭찬을 받느니라"(롬 14:17-18).

"본질이 아니면 관용하라"는 말이 있습니다. 비본질적인 것에 집착하다가 정말 중요한 것을 놓치는 일이 없어야 합니다. 먹는 것으로 인하여 하나님의 사업을 무너지게 해서는 안 됩니다. 예수님께서 이 땅에 오심으로 하나님나라도 이 땅에 함께 임했습니다. 현재 우리가 사는 이 땅은 불의와 부조리가 가득합니다. 그래서 예수님과 함께 임한 하나님나라가 잘 보이지 않습니다. 없는 것 같습니다. 예수님의 가르침은 이 땅에서 불의와 부조리를 이기고 하나님나라를 사는 길을 보여주시는 것입니다. 그리고 하나님나라는 죽음 너머 하나님 앞에서 완성됩니다.

제 자신을 들여다봅니다. 별로 부족한 것이 없습니다. 그다지 욕심이 없기 때문입니다. 궁금한 것도 별로 없고 안타까운 것도 별로 없습니다. 집착하지 않기 때문입니다. 사는 것은 이만하면 충분합니다. 차는 굴러가면 되고 집은 비가 새지 않으면 됩니다. 그런데 행복하지 못합니다. 누구의 탓도 아닙니다. 제 기질 탓입니다. 죽어서도 여전히 이 우울감에서 벗어나지 못하면 어쩌나 하는 두려움이 있습니다. 그것이 바로 지옥이기 때문입니다. 하지만 걱정하지 않습니다. 하나님 아버지가 계시기 때문입니다. 나를 만들고 나의 체질을 아시는(시 103:14) 우리 하나님 아버지께서 장차 나를 완성하실 것이기 때문입니다.

내가 당하고 있는 일, 경쟁에서의 승리, 무엇을 먹고 무엇을 마시며 무엇을 입을까 하는 의식주의 일에 코 박고 살지 마십시오. 눈을 들어 하늘을 보고, 예수님의 가르침과 격려를 상기하며 그저 화평의 일과 서로 덕을 세우는 일에 힘쓰십시오. 연약한 사람들을 위하는 일들이 바로 화평의 일이요, 서로 덕을 세우는 일입니다. 어떤 상황에서도 소망이 있는 이유는 나를 누구보다 사랑하는 하나님 아버지께서 살아 계시며, 그분께서 생명의 길을 가르쳐주셨으며, 그 길을 가노라면 언젠가는 주 앞으로 가고, 하나님 아버지께서 완성해주시기 때문입니다.

"우리가 지금은 거울로 보는 것같이 희미하나 그때에는 얼굴과 얼굴을 대하여 볼 것이요, 지금은 내가 부분적으로 아나 그때에는 주께서 나를 아신 것 같이 내가 온전히 알리라"(고전 13:12).

23

오직 주님을 위하여 1

롬 16:1-16

그리스도 예수 안에서

사도 바울은 로마 교인들에게 보내는 편지를 마치면서, 26명의 사람을 로마 교인들에게 천거하고 있습니다. 이들이 어떤 사람들인지 조사하면서 많은 생각을 했습니다. 저는 그동안 부친께서 목회하셨던 교회뿐만 아니라 제가 목회했던 여러 교회들을 통해 가장 깊은 은혜들을 경험하였습니다. 제가 모셨던 분들과 함께 일했던 부교역자들과 간사들, 그리고 수많은 교인들을 만났습니다. 그들 중에 과연 천거할 사람들이 누구이며, 또 몇 사람이나 될까 생각해보았습니다.

교회마다 봉사하는 사람들이 참 많습니다. 특히 주방 일은 힘듭니다. 교회마다 주방을 관장하는 분들이 있습니다. 참 많은 수고를 합니다. 그런데 그분들을 기쁜 마음으로 천거하기가 망설여집니다. 그 이유는, 제가 보기에는 주님이나 교우들을 위한 봉사라기보다는 주방 주도권 유지가 우선으로 보였기 때문입니다. 물론 잘한 분들도 참 많습니다. 그런데 선뜻 천거하기에 주저하는 이들도 많습니다. 순수하게 주님과 교회를 위해서 그렇게 한 것이 아니기 때문입니다.

목회자나 정치가나 기업가들이 자신의 야망을 이루고자 한다면, 자신에게 잘하는 사람들을 가까이 둘 것입니다. 그러나 사도 바울은 그런 야망이 눈곱만큼도 없습니다. 오늘 본문에서 가장 눈에 띄는 구절은 "그리스도 예수 안에서"입니다. 사도 바울이 이들을 천거한 기준은 예수 그리스도입니다. 자신에게 얼마나 충성했는지가 아니라, 주님과 교회를 위하여 얼마나 순수한 충성을 바쳤는지 하는 것입니다. 여기에 등장하는 사람들은 모두 평신도입니다. 자신의 생업에 종사하면서 주님과 교회에 열정과 충성을 바친 사람들입니다. 이 사람들의 면면을 살펴보는 것 자체가 우리에게 큰 은혜가 됩니다.

사도 바울이 천거하는 사람

사도 바울은 사람들을 천거하면서 그 사람을 소개하는 간결하지만 핵심적인 형용구를 붙여줍니다. 스스로 생각해보십시오. 나에게는 어떤 형용구가 붙여질까?

사도 바울이 맨 처음 소개하는 사람은 뵈뵈입니다. "내가 겐그레아 교회의 일꾼으로 있는 우리 자매 뵈뵈를 너희에게 추천하노니" (롬 16:1). 겐그레아는 오늘날의 그리스 남부에 위치한 고린도의 항구도시로, 사도 바울이 로마 교인들에게 편지를 쓰고 있는 장소입니다. 당장 로마로 갈 수 없었던 사도 바울은 로마로 가려는 뵈뵈에게 편지 전달을 부탁하였습니다. 뵈뵈는 교회의 일꾼이라 하였습니다. '일꾼'은 헬라어 '디아코논'으로 집사를 의미합니다. 당시는 남성중심사회였습니다. 그런데 교회가 등장하면서 여성도 교회의 중심으로 떠오릅니다. 당시 여자 집사들은 심방, 고아와 과부를 돌보는 일, 병든 자와 가난한 자들을 돌보는 일 등 남자들의 손이 미치지 못하는 일들을 독립적으로 담당하였습니다. 사도 바울은 뵈뵈에 대해서 "여러 사람과 나의 보호자"라고 말합니다. 보호자는 '프로스타티스'로 공동체의 우두머리를 의미하며, 어려울 때나 위급할 때 도와주는 후원자로서 부자들이었습니다. 뵈뵈는 많은 재산으로 가난한 이들을 돌보며, 동시에 사도 바울의 사명을 깊이 이해하고 그를 풍성하게 후원하였습니다.

"너희는 그리스도 예수 안에서 나의 동역자들인 브리스가와 아굴라에게 문안하라. 그들은 내 목숨을 위하여 자기들의 목까지도 내놓았나니 나뿐 아니라 이방인의 모든 교회도 그들에게 감사하느니라"(롬 16:3-4). 초대교회에서 가장 유명한 평신도 부부가 바로 브리스가와 아굴라입니다. 이들이 사도 바울을 처음 만난 것은 고린도입니다. 그들은 사도 바울과 같은 천막 제조업자입니다. 로마에 살던 이들은 기독교 박해를 피해 고린도에 왔다가 사도 바울을 만났고, 그 후 바울와 동행하며 선교사역을 열심히 도왔습니다. 당시는 교회 건물이 따로 없었고 모두 가정 교회였습니다. 고린도 교회의 시작은 바로 브리스가와 아굴라 가정이었습니다. 자신의 집을 가정 교회로 내어놓은 이들은 어떤 고난도 마다하지 않았고, 에베소에서 유대인들이 폭동을 일으켜 사도 바울을 죽이려 할 때 목숨 걸고 사도 바울을 구했습니다. 또한 "모든 교회도 그들에게 감사한다"는 사도 바울의 말을 통해 선교와 구제와 봉사에 열심이었던 것을 알 수 있습니다. 그런 부부에게 사도 바울은 최고의 경의와 존경을 표시하고 있습니다.

"나의 사랑하는 애베네도는 아시아에서 그리스도께 처음 익은 열매"(롬 16:5)라고 사도 바울이 소개한 애베네도는 고린도에서 처음 복음을 받아들이고 브리스가와 아굴라와 함께 열심히 사도 바울의 사역을 도왔습니다. 처음 익은 열매란, 초신자에 머문 것이 아니라 성도로서 해야 할 일을 적극적으로 참여한 중요한 사람을 의미합니다. 새신자 교육을 하다보면 성서학당을 보고 처음으로 예수님을 믿고 교회에 나온 사람들을 만납니다. 저에게 목사가 된 보람을 확인시켜주는 가장 감사하고 고마운 분들입니다. 그런 분들은 '나는 초신자'라는 생각에서 벗어나 생명의 리더가 되시기를 바랍니다.

다음은 마리아입니다. "너희를 위하여 많이 수고한 마리아"(롬 16:6)라고 소개합니다. 사도 바울은 로마 교인들을 만난 적이 없습니다. 당시 로마에서 일어난 박해를 피해 그리스도인들이 다른 도시로 왔고 그중에는 마리아도 있었습니다. 그녀를 통해 로마 교회의 설립과정과 상황을 상세히 들었고, 그리고 이야기 속에서 마리아가 얼마나 다른 성도들을 위하여 헌신하고 수고하였는지 알게 되었을 것입니다.

"내 친척이요, 나와 함께 갇혔던 안드로니고와 유니아"(롬 16:7)는 "사도들에게 존중히 여겨지고 또한 나보다 먼저 그리스도 안에 있는 자"라고 소개합니다. 여기서 "친척"은 사도 바울의 가족 중 하나라는 것이 아니라, 유대인을 말합니다. 언제 사도 바울과 감옥에 갇혔는지 모릅니다. 사도 바울은 수시로 감옥에 갇혔는데 그중 하나일 것입니다. 이들은 사도 바울보다 먼저 예수님을 믿었습니다. 아마도 예루살렘에서였을 것입니다. 그때 안드로니고와 유니아는 많은 일들을 열심히 하여 사도들과 성도들의 칭송을 받았습니다. 안드로니고와 유니아는 보기 드물게 훌륭한 사람입니다. 당시 사도는 예수님의 제자들로서 기독교에서 최고의 권위를 가진 사람들입니다. 바울을 '사도'라고 부르지만, 바울은 예수님께서 이 땅에 계셨을 때는 사도가 아니었고, 오히려 대적자였습니다. 그러다가 다메섹 도상에서 부활하신 예수님을 만나 회심하고 "이방인을 위한 사도"가 되었습니다. 그러나 아무도 본 사람이 없어서, 바울의 사도권은 의심을 받았고 도전을 받았습니다. 그의 사도권을 인정하지 않는 사람들도 많았습니다. 안드로니고와 유니아는 바울보다도, 그 누구보다도 정통 기독교인으로 그 명성과 위상이 높았습니다. 목사가 교회에 청빙되면 가장 어려운 것이 장로와의 관계입니다. 장로가 설립자라면 그 어려움은 설명할 필요가 없습니다. 이사장과 고용된 사장과의 관계로 보면 가장 정확합니다. 목사를 목사로 인정하고 진심으로 돕는 장로는 훌륭한 사람입니다. 목사가 존경하는 장로라면 정말 훌륭한 분입니다. 안드로니고와 유니아는 그런 사람입니다.

"주 안에서 내 사랑하는 암블리아"(롬 16:8). 암블리아는 '크다'는 뜻으로 특히 황제 가문에서 많이 사용된 이름입니다. "우리의 동역자인 우르바노와 나의 사랑하는 스다구"(롬 16:9). 스다구도 황제 가문에서 사용한 이름입니다. 사도 바울은 그를 "나의 사랑하는 스다구"라고 부르고 있습니다. 반면 "우르바노"는 일반적으로 로마 노예 이름입니다. 그런데 그를 "우리의 동역자인 우르바노"라고 부릅니다. 사도 바울이 기꺼이 동역자로 부를 때, 그가 무슨 일을 어떻게 했는지 더 이상의 설명이 필요 없습니다.

진짜 교회는 참 좋은 곳입니다. 그 어떤 차별도 없습니다. 황제 측근이나 가족들이 그들이 부리던 노예와 함께 지내며 때로는 노예들이 더 중요한 직책을 수행하기도 합니다. 우리 교회를 진짜 좋은 교회로 만들어야 합니다. 교회의 주인공은 어린이들과 청소년 그리고 초신자들입니다. 그들을 잘 양육하여 각자 삶의 영역에서 생명의 리더로 살게 해야 합니다.

"그리스도 안에서 인정함을 받은 아벨레"(롬 16:10). 아벨레는 무슨 일인지는 모르지만 극심한 시련을 통해 신앙의 연단을 받았고, 그 고난을 불굴의 신앙으로 극복하고 교회의 신임을 받은 사람입니다.

드루배나와 드루보사에게는 "주 안에서 수고한"(롬 16:12)이라는 형용구를 붙여줍니다. 교회 안에는 수고하는 사람들이 많이 있습니다. 그런데 수고의 목적이 각각 다릅니다. 18절에서 이런 말을 합니다. "이 같은 자들은 우리 주 그리스도를 섬기지 아니하고 다만 자기들의 배만 섬기나니 교활한 말과 아첨하는 말로 순진한 자들의 마음을 미혹하느니라." 자기의 배만 채운다는 것은 자신의 이득이나 명성이나 명예를 추구한다는 뜻입니다. 이해하지 못할 것은 교회에서 이득을 챙기려는 사람들입니다. 이득이 없으면 지위를 얻으려고 합니다. 그런 사람들은 "분쟁을 일으키거나 거치게 하는 자"로서 사도 바울은 그들에게서 떠나라고 당부합니다.

주 안에서 수고하기로 합시다. 주 안에서 수고할 때, 오른손이 한 일을 왼손이 모를 때, 우리 하나님 아버지께서 기뻐하시고 사람들은 존경합니다. 그런 사람에게 하나님께서는 무한한 복을 허락하십니다. 더 좋은 일을 더 많이 하라고 무한한 복을 주십니다.

24

오직 주님을 위하여 2

롬 16:12-20

영혼의 밤

50세부터인가 끔찍한 상실감과 외로움, 깜깜한 어둠이 시작되었습니다. 영적 어둠이 너무 심하다보니 마음으로나 생각으로나 아무것도 볼 수 없습니다. 제 속에도 하나님이 계시지 않습니다. 저는 하나님을 바라고 또 바라지만 그분은 나를 원치 않으신다는 강한 느낌이 듭니다. 천국이니 영혼이니 하는 단어들이 제게 아무런 의미가 없습니다. 제 삶은 모순투성이인 것 같습니다. 다른 사람들을 돕고 있지만 도대체 저는 어디로 가야 할까요?

이 글을 누가 썼을까요? 놀랍게도 20세기의 성녀로 일컫는 마더 테레사의 편지 내용 중 일부입니다. 과연 하나님은 존재하실까? 때로는 하나님의 존재에 대한 의심과 고민이 찾아옵니다. 존재하신다 해도 나와는 상관없는 분처럼 너무나 멀게 느껴집니다. 신학자 로버트 웰버그는 이런 시기를 '영혼의 밤'이라고 명명하였습니다. 영혼의 밤은 누구에게나 찾아옵니다. 예외가 없습니다. 하나님을 신실하게 섬기고 하나님께서 각별하게 사용하시는 사람들도 길고 어두운 영혼의 밤을 보냅니다.

마더 테레사는 영혼의 밤을 어떻게 극복하였을까요? 기도? 묵상? 금식? 그녀는 누구보다도 그 일을 열심히 했습니다. 그러나 어둠에서 벗어날 수 없었습니다. 그녀가 한 일은 예전처럼 인도 고아들을 먹이고 입히는 일이었습니다. 기쁨과 보람이 없으므로 그 일은 더 많은 노력과 인내를 요구했지만 참으며 견디며 묵묵히 해냈습니다. 아픈 채로, 슬픈 채로 말입니다.

마더 테레사가 영혼의 밤을 벗어나는 데 얼마나 많은 시간이 걸렸을까요? 일주일? 한 달? 일 년? 마더 테레사는 자신의 멘토인 노이너 신부에게 보내는 편지에 다음과 같이 고백하였습니다. "이제 저는 어둠을 사랑하게 되었습니다. 실로 11년 만입니다. 지금은 그 어둠이 제 일부가 되었습니다. 이것은 바로 예수님께서 이 땅에서 겪으셨던 어둠과 고통의 작은 한 부분이기도 합니다. 오늘 저는 진정한 기쁨을 느꼈습니다. 이제 그 어느 때보다 더욱 더 예수님께 복종하고 그분의 뜻을 따를 것입니다." 마더 테레사는 자신의 영적 어둠을 자신이 섬기는 인도 어린이들과 가난한 사람들의 고통과 동일시하게 되었습니다. 거절 당하고 버림 받고 무엇보다도 하나님에 대한 믿음 없이 살아가는 그들의 고통을, 영적 어둠을 통해 신비롭게 체험한 것입니다.

하나님의 임재를 언제나 생생하게 느끼며 사는 사람들은 그다지 많지 않습니다. 그런 사람이라고 해서 늘 기쁨과 행복만을 느끼는 것은 절대로 아닙니다. 또한 그런 사람들과 이야기해보면 일종의 자기 최면인 경우도 종종 있고, 또 그 사람들에게도 영혼의 밤은 찾아옵니다. 그리스도인의 가장 위대한 때는, 절망 가운데서도 어디에서도 하나님의 흔적을 찾을 수 없을 때에도, 하나님께서 왜 자신을 외면하시는지 자문하면서도, 여전히 하나님의 뜻에 순종할 때입니다.

신앙의 숱한 고비를 넘기고

사도 바울이 천거한 사람들 역시 신앙의 숱한 고비들을 넘긴 사람들입니다. 어떤 박해와 고난이 와도 때로는 하나님의 외면과 침묵조차도 감수하며, 어떤 보상도 대가도 바라지 아니하고, 하나님의 영광을 위하여 자신에게 맡겨진 일을 묵묵히 수행한 사람들입니다. 저와 여러분 모두 그런 사람들이 되기를 주님의 이름으로 축원합니다.

사도 바울은 버시에게는 "주 안에서 많이 수고하고 사랑하는"(롬 16:12)이라는 최상의 형용구를 붙여주었습니다. '버시' 는 '페르시아 여인'이라는 뜻입니다. 요즘도 그렇지만 '마산댁' '광주댁' 하는 것처럼 출신지역을 따서 호칭하였습니다. 그녀에게 "나의 사랑하는" 이라는 말 대신 "사랑하는"이라고 하였는데, 아마도 그녀는 독신녀로서 전 교우들의 사랑을 받았기 때문일 것입니다. 드루배나와 드루보사는 현재 시제를 사용한 반면, 버시는 과거 시제를 사용하였는데, 외국 출신의 독신녀 버시는 교회와 성도들을 위해서 열심히 봉사하였고, 이제는 나이가 들어 활동을 멈췄다는 것을 시사합니다. 그럼에도 여전히 사도 바울과 성도들의 사랑을 받고 있습니다. 버시와 같은 모습이 모든 성도들이 추구해야 하는 모습입니다. 그저 옆에만 있어도 마음이 든든하고 흐뭇해지는 아름다운 노인이 되기로 합시다.

요즈음 우리나라에도 수많은 외국인들이 있습니다. 그들을 차별해서는 절대로 안 됩니다. 식당에서 일하는 중국 동포 아주머니들이나 탈북 동포들, 필리핀댁, 태국댁, 베트남댁, 외국인 노동자 등 그들을 차별해서는 절대로 안 됩니다. 그리스도인들에게 차별은 있을 수 없습니다. 그들을 잘 대하는 것이 바로 선교입니다.

이 일을 가장 잘 수행한 사람들이 통일교도들입니다. 인간 문선명을 하나님으로 섬기는 이들은 인종 차별을 절대로 하지 않습니다. 문선명이 정해준 대로 결혼합니다. 홍천 물걸리에 가면 그곳 농부와 결혼한 일본여인이 있습니다. 일본 인텔리 여성이 문선명이 정해준 대로 그 오지에 시집을 왔습니다. 무식한 남편과 시댁 식구들을 지성껏 모시고 열심히 살았습니다. 그 마을 누구보다 잘 삽니다. 그 남편은 치아가 다 삭았는데, 자신을 존대하고 열심히 살아주는 아내가 술을 마시지 말라고 해서, 술 대신 콜라를 마셨기 때문이랍니다. 여호와 하나님을 아버지로 모신 우리는 그들보다 더 잘해야 합니다.

주 안에서 택하심을 입은

이제 가장 중요한 사람을 소개합니다. "주 안에서 택하심을 입은 루포와 그의 어머니"(롬 16:13) 사도 바울은 놀랍게도 루포의 어머니를 '자기 어머니'라고 부르고 있습니다. 도대체 이들이 누구이기에 사도 바울이 자기 어머니라고 부르는 것일까요? 이들이 누구인지 알기 위해서는 저 멀리 '비아돌로사'로 가야 합니다. 예수님께서 십자가를 지고 가신 '슬픔의 길'입니다. 예수님은 채찍을 서른아홉 대를 맞은 채 살갗이 뜯기고 뼈가 드러난 몸으로 그 무거운 십자가를 지고 갈보리 언덕을 향해 가셨습니다. 얼마나 가셨을까요. 기진한 예수님은 그만 쓰러지고 말았습니다. 무거운 십자가가 예수님의 몸을 짓눌렀습니다. 더 이상 갈 수 없었습니다. 채찍질해대던 로마 병사가 수많은 구경꾼들 중에 한 사람을 끌고 와 십자가를 대신 지게 하였습니다. 마가복음은 당시를 이렇게 적고 있습니다. "마침 알렉산더와 루포의 아버지인 구레네 사람 시몬이 시골로부터 와서 지나가는데 그들이 그를 억지로 같이 가게 하여 예수의 십자가를 지우고"(막 15:21). 예수님의 십자가를 대신 졌던 사람이 구레네 사람 시몬이라는 것을 어떻게 알았을까요?

이 짧은 구절에는 길고도 아름다운 영혼의 이야기가 담겨 있습니다. 구레네는 아프리카 북쪽에 위치한 오늘날의 리비아의 수도 트리폴리를 말합니다. 예루살렘까지는 육로로는 2,000킬로미터 이상, 바닷길로도 1,000킬로미터 이상 떨어진 머나먼 곳입니다. 그 먼 곳에서 예루살렘까지 오게 된 이유는 시몬이 디아스포라 유대인으로 평생 한 번은 유월절에 하나님의 성전에 와야 한다는 율법을 지키기 위해서였습니다. 그 옛날 그 머나먼 길을 가기 위해서는 평생을 준비해야 합니다. 그래서 천신만고 끝에 하나님의 도성 예루살렘에 왔습니다.

얼마나 감격스러웠겠습니까? 그런데 꿈에 그리던 하나님의 도성에 왔다가 봉변을 당한 것입니다. 십자가는 저주 그 자체입니다. 로마 병사가 그것을 지라고 했을 때 시몬의 마음은 얼어붙었을 것입니다. '하나님의 성전에 참배하러 그 먼 길을 왔는데, 이 무슨 변고

인가! 하나님! 제게 왜 이러십니까?' 소리 없는 비명을 질렀을 것입니다. 그러나 서슬 퍼런 로마 군인들의 명을 거역할 수는 없는 법입니다. 어쩔 수 없이 십자가를 졌습니다. 마음은 이미 무너졌습니다. 내게 저주의 십자가를 지게 하시다니, 하나님은 정말 살아 계신 걸까? 신앙마저 흔들렸을 것입니다. 그렇게 정신 줄을 놓고 십자가를 지고 가는데 이상한 생각이 들기 시작합니다. 수많은 사람들이 슬퍼하고 또 수많은 사람들이 야유하는 것입니다. 그래서 이 죄인이 행하는 일거수일투족을 보았습니다. 다른 죄인들과는 달랐습니다. 도대체 이 사람이 누구이기에 이러는 것일까?

시몬은 예수님의 십자가 고난과 죽음을 눈여겨보지 않을 수 없었고, 또 후에 예수님을 알아보지 않을 수 없었습니다. "아, 이런 분이셨구나." 그런데 며칠 후 이상한 소문이 돌기 시작했습니다. 그분이 살아나셨다는 것입니다. 그 소문의 진위를 알아보았습니다. 그리고 그 예수님을 믿지 않을 수 없었습니다. 그래서 기꺼이 초대교회 일원이 되었습니다. 만약 그가 재수 없어 하며 집으로 돌아갔다면 그의 이름은 성경에 남지 않았을 것입니다. 고향으로 돌아간 시몬은 온 가족에게 예수님이 그리스도이며 구원자임을 알렸습니다. 그리고 온 가족은 가장 충성스러운 교회 일꾼이 되어 사도 바울을 힘써 도왔습니다. 사도 바울을 도왔다는 것은 트리폴리를 떠나 아예 이스라엘로 이주하였고, 사도 바울과 동행하며 그의 선교 사역을 도왔다는 것입니다. 바로 시몬의 아들이 루포이며, 시몬의 아내가 사도 바울이 어머니라 부르는 그 여인입니다.

거기서 끝나는 것이 아닙니다. 훗날 구레네까지 기독교 도시, 축복 받은 도시로 변했습니다. 지금은 회교도들의 도시, 한때 독재자 카다피의 도시였지만, 당시 구레네는 북아프리카의 기독교 중심지로 이름을 날렸습니다. 그 유명한 어거스틴이 바로 북아프리카 출신입니다.

시몬과 그의 가족들의 놀라운 변화는 어떻게 이루어진 것입니까? 시몬은 예수님께 반응하였습니다. 예수님께서 십자가를 지고 가십니다. 당시 많은 사람들이 모여 있었습니다. 그중 어떤 이들은 십자가 처형은 늘 봐오던 거라 그러려니 합니다. 어떤 이들은 안됐다는 생각을 하기도 하고 또 마음 아파합니다. 어떤 이들은 기득권에 코를 박고 있는 종교지도자들이나 압제자들에게 이를 갈며, 이들을 반드시 무너뜨리겠다고 다짐합니다. 그런데 이 모든 것들은, 아무리 비장해도, 그저 내 생각 내 감정에 반응하는 것입니다.

그런데 시몬은 그가 누구이며, 왜 그런 고난을 받아야 하는지 알아봅니다. 그리고 그 이유를 알게 됩니다. 사람들을 구원하기 위해서라는 말을 듣습니다. 그분의 가르침을 듣습니다. 그 가르침과 자신의 생각이 충돌합니다. 그러나 자신의 생각을 버리고, 그분의 가르침에 동의합니다. 그분을 따라갑니다. 고난과 어려움이 생깁니다. 그러나 그분의 가르침으로 이겨냅니다. 점점 그분께 가까워지고 그분과 하나가 되어 갑니다. 예수님께, 예수님을 향하여 반응한 사람 시몬을 성경은 "주 안에서 택하심을 입은"(롬 16:13) 사람이라고 부릅니다.

"주 안에서 택하심을 입은" 이것은 우리가 구해야 하는 최고의 수식어입니다. 왜 주 안에서 택함을 받아야 하는지 올바로 깨달아야 합니다. 여러분의 궁극적 관심은 무엇입니까? 궁극적 관심이란, 내게 가장 관심이 있는 것으로 내게 삶의 의미를 부여하며, 그것을 위해서는 어떤 것도 희생할 수 있는 것입니다. 돈이 나의 궁극적 관심이라면, 돈이 내 삶의 의미를 부여하며 돈을 위해서라면 그 어떤 것도 사랑, 의리, 덕성, 인격이라도 버립니다. 내 궁극적 관심이 곧 내 믿음이며 내 우상입니다. 돈이나 명예나 권력이나 행복을 얻겠다고 달려든다고 해도 쉽게 얻을 수 없으며, 또한 얻었다고 해도 너무나 많은 다른 것을 잃습니다. 또한 손에 쥔 그것은 영원하지 않습니다. 틸리히는 말합니다. "하나님의 자리에 앉은 그 모든 것이 우상이다. 우상은 반드시 악마적인 힘으로 그 우상 숭배자를 파괴해 버린다." 잊지 말아야 합니다.

목사들에게 가장 큰 우상은 목회의 성공입니다. 목회 성공으로 인하여 그 목사는 파괴될지도 모릅니다. 기복신앙은 삼위일체 하나님이 아니라 현세적인 복이 목적입니다. 그래서 기복 신앙자들은 외형적으로는 가장 열심히 하나님을 섬기지만 그 목적 때문에 마침내 파괴됩니다. 율법을 열심히 지켜 하나님의 복을 구한 바리새인들이 "너희도 천국에 들어가지 못하고 다른 이들의 길도 막고 있다"는 예수님의 질타를 들었던 이유입니다.

하나님과 교회를 위하라고요? 아닙니다. 하나님은 우리의 헌신과 충성이 필요 없는 자존자이십니다. 교회를 위하라고요? 교회는 영원한 생명의 예수님 몸입니다. 그러므로 교회는 스스로 생겨나고 자라납니다. 하나님의 자녀들이 부패할 때 그 촛대를 옮기시지만, 교회는 세상 끝 날까지 존재합니다. 예수님께서 말씀하십니다. "너희가 서로 영광을 취하고 유일하신 하나님께로부터 오는 영광은 구하지 아니하니 어찌 나를 믿을 수 있느냐"(요 5:44). "나는 사람에게서 영광을 취하지 아니하노라"(요 5:41).

주 안에서 택하심을 받으라는 것은, 나의 궁극적 관심을 삼위일체 하나님께 둔다는 것입니다. 11년 동안 그 어두운 영혼의 밤을 보낸 마더 테레사가 얻은 것은 명예가 아닙니다. 사랑의 선교회의 폭발적 성장이 아닙니다. 노벨 평화상이 아닙니다. 그분의 슬픔이 곧 고아들의 고통이라는 사실을 통해 예수님의 마음과 하나가 되었고, 예수님을 더욱 사랑하게 되었고, 점점 예수님을 닮아갔다는 것입니다. 예수님이 가시는 곳이면 언제 어디서나 생명이 뚝뚝 떨어졌습니다. 그분의 생명은 곧 사랑입니다. 그 사랑으로 우주만물과 특히 우리 사람들을 창조하고 그 사랑으로 운행하십니다. 그러므로 그 사랑이 떨어지는 곳에서 최고의 생명이 피어나는 것은 참으로 당연합니다.

오늘 이 시간에도 살아 계신 예수님으로부터 생명이 떨어지고 있습니다. 우연이라도 상관없습니다. 그 생명의 피를 받은 사람은 살아납니다. 좀 아프면 어떻습니까? 좀 힘들면 어떻습니까? 설사 죽으면 또 어떻습니까? 그 사랑으로 맡은 일을 행하노라면, 하나님의 자녀들의 삶의 자리에 생명의 뿌리가 내려지고 싹이 나며 꽃이 피고 열매를 맺습니다. 복의 근원이, 마침내 복이 됩니다.

나가는 말

하나님이 우리에게 원하시는 기적

수백 명의 어린 생명을 앗아간 세월호의 어이없는 참상을 보면서 하나님의 뜻을 전해야 하는 목사의 한 사람으로서 한계와 무력감을 이처럼 절감한 적도 없습니다.

예수님께서 당하신 십자가의 고통보다 더 큰 고통은 있을 수 없어, 인간이 당하는 그 어떤 고통도 담고도 남는다고 늘 생각했습니다. 그런데 아닐 수도 있다는 생각이 들었습니다. 한 점의 빛도 없는 곳에 갇혀 점차 차오르는 차가운 바닷물에 서서히 질식해가는 그 어린 학생들의 공포와 고통은 예수님의 고통보다 훨씬 더 클 것이라 생각합니다. 예수님은 그 고통과 죽음의 의미와 죽음 이후를 알고 계셨지만, 그 어린 학생들은 몰랐기에 확실히 그랬을 것입니다. 모르는 것처럼 두려운 것도 없기 때문입니다.

이것은 굉장히 무서운 말입니다. 예수님의 십자가 고통과 죽음이 담을 수 없는 것도 있을 수 있다는 뜻이기도 합니다.

온 국민이 간절히 바라던 기적에 하나님께서는 응답하지 않으셨습니다. 하나님은 정말 살아 계신가? 살아 계시다면 이 상황을 보고 계실까? 그렇다면 왜 침묵하시는 것일까? 하나님은 무슨 말씀을 하고 싶어하는 걸까? 하나님을 향한 수많은 질문들이 꼬리에 꼬리를 물고 이어졌습니다.

그런데 성경에는 모든 답이 있다고 합니다. 그렇다면 하나님께서는 우리들의 질문에 어떻게 답을 하실까요?

어떤 문제에 대한 답을 얻기 위해서는 그와 유사하거나 또는 더 힘든 상황으로 들어가야 합니다.

욥은 모든 자녀들이 한꺼번에 몰사 당했습니다. 온갖 병이 욥을 쳤습니다. 아내마저 하나님을 욕하고 죽으라며 욥의 곁을 떠났습니다. 자녀의 생환을 기다리며 애태우는 부모님들께는 정말 송구스럽지만, 욥이 당한 일은 오늘의 상황보다 더 심했습니다. 욥은 왜 이런 일이 자신에게 일어났는가 하나님을 집요하게 물고 늘어졌습니다. 하나님은 침묵으로 일관하셨습니다. 그러다 마침내 나타나셔서 욥의 질문에 대한 답을 해주시지 않고 도리어 욥에게 질문하셨습니다.

"무지한 말로 이치를 어둡게 하는 자가 누구냐. 너는 대장부처럼 허리를 묶고 내가 네게 묻는 것을 대답할지어다"(욥 38:2-3). 이어지는 하나님의 질문은 "내가 땅의 기초를 놓을 때에 네가 어디 있었느냐?"였습니다. 그리고 수많은 질문들을 쏟아내셨습니다. 욥은 묵묵무답일 수밖에 없었습니다. 그리고 마침내 욥은 이렇게 아뢰었습니다. "무지한 말로 이치를 가리우는 자가 누구이니까. 내가 스스로 깨달을 수 없는 일을 말하였고, 스스로 알 수 없고 헤아리기 어려운 일을 말하였다이다"(욥 42:3). 이어서 "내가 주께 대하여 귀로 듣기만 하였삽더니 이제는 눈으로 주를 뵈옵나이다"라고 고백합니다.

아우슈비츠 수용소에서 기적적으로 살아난 빅터 프랭클 박사가 그의 책《죽음의 수용소》에서 이런 말을 합니다. "이 모든 일들이 한낱 악몽이었다고 말할 날이 언젠가는 반드시 올 것입니다. 그러나 하나님에 대한 경외감은 세상 끝 날까지 남을 것입니다."

모든 일들에 대한 반응은 두 가지 방향이 있습니다. 하나는 '밑에서부터 위로' 다른 하나는 '위에서부터 아래로' 향하는 것입니다.

욥은 자신에게 일어난 일에 대해서 '밑에서부터 위를 향해' 물었습니다. 그런데 하나님께서 욥에게 "내가 땅의 기초를 놓을 때에 너는 어디 있었느냐?"라는 질문은 '위에서부터 아래로', 다시 말해서 하나님의 시각으로 보라는 말씀입니다. 지옥과 같았던 아우슈비츠 수용소에서 빅터 프랭클 박사는 하나님의 시각으로 자신과 사람들을 보았습니다. 그래서 그는 지옥과 같은 삶에서도 인간과 그 존재 의미, 그리고 하나님에 대한 깊은 통찰을 얻을 수 있었습니다.

너무나 비통하고 아프고 무력하지만 우리들이 해야 할 일은 이 사건을 위에서부터 아래로, 하나님의 시각으로 보는 것입니다.

오늘의 대한민국은 원칙이 무너졌습니다. 지도자들부터 원칙을 지키지 않습니다. 조작하고 은폐하고 속입니다. 교회지도자들이 그중 가장 심합니다. 당연히 아래 사람들도 원칙을 지키지 않게 됩니다.

예수님께서, "만일 이 사람들이 잠잠하면 돌들이 소리를 지르리라"(눅 19:40)고 하십니다.

생떼 같은 청소년들이 죽어가며 우리 어른들의 비리와 부정직을 죽음으로 고발하고 있습니다. 이들의 소리 없는 아우성을 들으며 얼마나 부끄럽고 가슴 아픈지 모릅니다. 우리 어른들의 잘못을 대신해서 그들이 죽은 것입니다. 대속적인 죽음이 따로 있는 것이 아닙니다.

이사야 선지자는 대속의 죽음을 다음과 같이 말합니다. "그는 실로 우리의 질고를 지고 우리의 슬픔을 당하였거늘 우리는 생각하기를 그는 징벌을 받아서 하나님에게 맞으며 고난을 당한다 하였노라. 그가 찔림은 우리의 허물을 인함이요, 그가 상함은 우리의 죄악을 인함이라"(사 53:4-5).

우리 자녀들의 죽음은 바로 내 허물과 내 죄악을 인함입니다.

왜 하나님께서 그렇게 하셨는지, 죽은 그 아이들은 어떻게 되는지 모두 하나님의 처사에 맡길 뿐입니다. 제가 아는 것은 단지 성경에 기록된 말씀뿐입니다. "내가 확신하노니 사망이나 생명이나 천사들이나 권세자들이나 현재 일이나 장래 일이나 능력이나 높음이나 깊음이나 다른 아무 피조물이라도 우리를 우리 주 그리스도 예수 안에 있는 하나님의 사랑에서 끊을 수 없으리라"(롬 8:38-39). 사망이나 생명이나 모두 다 하나님께서 그 사랑 안에 품어주실 것을 믿을 뿐입니다.

부끄럽게 살아 있는 우리가 해야 할 일이 있습니다.

"피조물이 허무한 데 굴복하는 것은 자기 뜻이 아니요 오직 굴복케 하시는 이로 말미암음이라"(롬 8:20).

아이들이 의미를 모른 채 고통 가운데 허무한 죽음을 당하는 것은 자기 뜻이 아닙니다. 당연합니다. 누가 의미없는 허무한 죽음을 원하겠습니까? 그런데 놀라운 말이 이어집니다. 그 허무한 죽음은 '하나님으로 말미암음'이라는 것입니다.

하나님께서 침묵하시는 것이 아니었습니다. 교회, 곧 우리가 침묵한 것입니다. 우리들이 부정직과 비리에 동조하고 외면하고 침묵한 것입니다.

사람들은 하나님의 기적을 기다렸습니다. 이는 '밑에서 위를 향한' 기적입니다. 그런데 하나님께서 원하시는 기적이 있습니다. 이는 '위에서 아래를 향한', 우리 한 사람 한 사람을 향한 기적입니다. 그것은 우리들의 진정한 변화입니다.

머리말에서 강조했던 바를 또 다시 반복할 수밖에 없습니다. "피조물들이 고대하는 것은 하나님의 자녀들이 나타나는 것이라"(롬 8:19).

진짜 기적은 내가 참 하나님의 자녀로 변화되는 것입니다.
우리가 먼저 썩어짐의 종노릇 하는 데서 해방되는 것입니다.
우리가 먼저 하나님의 영광의 자유에 이르는 것입니다.
우리가 먼저 최선을 다해 예수님을 닮아가는 일입니다.
바로 거룩한 성숙을 이루는 일입니다.
이것이 그 어린 죽음들을 허무하지 않게 하는 유일한 길입니다.
우리로부터 하나님의 정의와 사랑이 넘쳐흘러
대한민국을 위로하고 바로 세우는 교회를 소망합니다.

2014년 5월
백련산 자락에서
신우인

신우인 목사의

로마서 이야기